Nas troje

MARIA
ROTKIEL

Nas troje

czyli

rodzinne nastroje

Wydawnictwo Czarna Owca

WARSZAWA 2014

Redakcja
Katarzyna Kępka

Skład
Dariusz Piskulak

Korekta
Piotr Królak

Projekt graficzny okładki
Mariusz Banachowicz

Zdjęcia autorki
Ewa Krajewska-Wojtulewicz
Maciej Kulig

Projekt graficzny wnętrza
Izabela Sobieszek

Redaktorka prowadząca
Kacha Szaniawska

Wydanie I

Druk i oprawa
Read Me

Wydrukowano na papierze ecco book 80 g/m² vol. 1,6
dystrybuowanym przez antalis

ISBN 978-83-7554-810-5

Wydawnictwo
CZARNA OWCA

ul. Alzacka 15a, 03-972 Warszawa
www.czarnaowca.pl
Redakcja: tel. 22 616 29 20; e-mail: redakcja@czarnaowca.pl
Dział handlowy: tel. 22 616 29 36; e-mail: handel@czarnaowca.pl
Księgarnia i sklep internetowy: tel. 22 616 12 72; e-mail: sklep@czarnaowca.pl

SPIS TREŚCI

Wstęp 9

Rozdział 1: Przepis na udane życie rodzinne 15

1.1. Po pierwsze: zacznij od siebie! 21

1.1.1. Kochanie siebie 25

1.1.2. Rozumienie siebie 30

1.1.3. Psychiczna równowaga 37

1.1.4. Praca nad sobą 43

1.1.5. Umiejętność znalezienia dystansu i szukanie zrozumienia i akceptacji trudnych zachowań bliskich nam osób 46

1.2. Po drugie: dostrzegaj i doceniaj pozytywne cechy w bliskich osobach i dbaj o rodzinne relacje 60

1.2.1. Empatia 64

1.2.2. Umiejętność pozytywnego wykorzystania rodzinnego wsparcia 70

1.2.3. Dbanie o najbliższe osoby 75

1.3. Po trzecie: staraj się unikać konfliktów i nie zgadzaj się na agresję 80

1.3.1. Wyznaczanie granic 81

1.3.2. Asertywność – czyli sposób na to, jak żyć w rodzinie i nie zwariować 91

1.3.3. Dobra komunikacja w rodzinie 95
1.3.4. Poznanie rodzinnej historii 98
1.3.5. Stop agresji 109
1.3.6. Trudne decyzje, czyli obrona konieczna 117
1.4. Chroń siebie i bliskich przed konsekwencjami życia w toksycznej rodzinie 121

Rozdział 2: „Nas dwoje" i nasza rodzina – czyli jak dbać o związek z partnerem? 131
2.1. Przede wszystkim dbaj o partnera i granice waszego związku! 136
2.1.1. Chronienie granic relacji 140
2.1.2. Dbanie o partnera 148
2.1.3. Działanie i podejmowanie decyzji we dwoje – stworzenie wspólnego frontu, jednej drużyny i wspieranie się nawzajem 151
2.1.4. Chronienie intymności relacji 154
2.1.5. Dbanie o siebie, o dobrą relację z samym sobą 159
2.2. Postarajcie się zaprzyjaźnić z rodziną partnera 162
2.2.1. Poznanie nowej rodziny 165
2.2.2. Przedstawienie rodzinie swojego nowego partnera 174

Rozdział 3: „Nas troje" – czyli my i nasze dziecko 179
3.1. Przygotujcie się do roli rodziców 186
3.1.1. Oczekiwanie na dziecko 190
3.1.2. Zostać mamą 200
3.1.3. Zostać tatą 205

3.1.4. Nauka życia we troje 209
3.1.5. Powitanie na świecie dziecka 216
3.2. Dbajcie o związek i partnera właśnie dlatego, że zostaliście rodzicami! 220
3.2.1. Dziadkowie, ciocie, wujkowie – czyli rodzinne nastroje kontra świeżo upieczeni rodzice 224
3.2.2. Rodzicielska codzienność 232
3.2.3. Powitanie na świecie kolejnego dziecka 237
3.2.4. Patchworkowe rodziny 240

Rozdział 4: Rodzinne rewolucje 249
4.1. Postarajcie się pozytywnie przepracowywać kryzysy! 255
4.1.1. Wzajemne wsparcie w kryzysowych sytuacjach 258
4.1.2. Uruchomienie konstruktywnego działania i pozytywnej zmiany 264
4.1.3. Kryzys to okazja, ale i zagrożenie 269
4.2. Uruchomcie pozytywne błędne koło sytuacji kryzysowych 278
4.3. Dajcie sobie prawo do trudnych emocji 291
4.4. Poznajcie przyczyny problemu 300
4.5. Wyciągnijcie pozytywne wnioski 303

Zakończenie 307

Wstęp

W naszym życiu bardzo istotną rolę odgrywają relacje z innymi ludźmi, związki z bliskimi osobami, które są źródłem wielu radości, ale również trosk i trudnych emocji. Sztuka życia w rodzinie to jedna z naszych największych umiejętności i jedno z najtrudniejszych wyzwań. Poradnik „Nas troje – czyli rodzinne nastroje" porusza najważniejsze kwestie związane z funkcjonowaniem w skomplikowanych, intrygujących, wymagających wielu psychologicznych kompetencji relacjach międzyludzkich – czyli w systemie rodzinnym.

Jak budować bliskość opartą na zaufaniu, wzajemnym wsparciu, jak dbać o ważne związki, radząc sobie z różnicami charakterów, zdań, potrzeb oraz z problemami, które mogą pojawić się pomiędzy nami a bliskimi nam osobami? Jak stworzyć kochającą się rodzinę i zachować swoją intymną przestrzeń, nie rezygnując z tego, co dla nas ważne i „tylko nasze"? Jak pielęgnować relację z partnerem, gdy również inne osoby, będące częścią wspólnego życia, wymagają naszej uwagi, troski, wyrozumiałości i miłości? Jak pielęgnować związek, budować partnerstwo i wzajemną bliskość, jednocześnie dbając o relacje rodzinne, czyli więzi z rodzicami, rodzeństwem, dziećmi? Jak odnaleźć się w gąszczu rodzinnych układów, zależności i problemów?

Czy godzić się na stawiane nam wymagania, czy obstawać przy swoich racjach? Jak pogodzić czasem sprzeczne potrzeby i oczekiwania bliskich nam osób? Kiedy stawiać granice, a kiedy ustąpić? Jak otworzyć się na rodzinę partnera, zrozumieć panujące w niej zwyczaje i zaprzyjaźnić się z ludźmi ważnymi dla ukochanej osoby? Jak wprowadzić do swojej rodziny kogoś, kto jest dla nas najważniejszy na świecie? Jak poradzić sobie ze zmianami, które wiążą się z nowymi życiowymi rolami – synowej, zięcia, szwagra, szwagierki? Jak odnaleźć się w roli rodzica i przygotować się do podjęcia największej odpowiedzialności w naszym życiu, czyli wychowania dziecka? A przede wszystkim: jak w gąszczu tych relacji, emocji i zależności dbać o siebie i o związek, nie zatracić harmonii w układzie „ja, ty, my i nasza rodzina"?

To ważne i trudne pytania, na które postaramy się znaleźć odpowiedź. Spróbujemy wspólnie przedyskutować te oraz wiele innych niełatwych tematów dotyczących rodzinnych więzi. Wspólnie, ponieważ każda rodzina jest inna, w każdej panują specyficzne zwyczaje, wartości i wzajemne zależności. Co może pomóc nam w tej trudnej sztuce układania wzajemnych rodzinnych relacji? Pomocne jest zachowanie kolejności – najpierw uporządkujmy własny świat, odnajdźmy kontakt z sobą samym i swoimi emocjami, potrzebami. Bo gdy zadbamy o siebie, o swoją samoświadomość, gdy nauczymy się kochać siebie samych, to w pełni otworzymy się na relacje z drugim człowiekiem. Kolejny etap to tworzenie i pielęgnowanie więzi partnerskiej. A budując związek oparty o takie filary, jak wzajemne zrozumienie, szacunek, zaufanie, partnerstwo, zaczynamy być gotowi na następne wyzwanie w naszym życiu, jakim jest tworzenie wspólnej rodziny. Jednak aby ją zbudować, należy najpierw zadbać o mocny grunt relacji partnerskiej, o jej granice, tak aby wspólnie pielęgnować świat, który tworzymy „My i bliskie nam osoby". Dlatego „Nas dwoje" to podstawa tworzenia systemu „Nas troje" – czyli „my i nasza rodzina". Jest to proces, w którym pomaga nasze życzliwe nastawienie do każdej bliskiej osoby, nasza otwartość na każdą relację i chęć zrozumienia często skomplikowanych, wzajemnych rodzinnych zależności. Bo to niepowtarzalna historia wielu pokoleń, losy naszych przodków i ich doświadczenia, dzieciństwo naszych dziadków, rodziców i nasze tworzą splot wydarzeń, wypadkową doświadczeń stanowiących o wyjątkowości każdej rodziny. Dlatego tak ważne jest poznanie historii rodzinnych, zrozumienie tradycji w niej panujących. Historia rodziny ma wpływ na to, jak ona funkcjonuje, jakie ma problemy, jakie panują w niej przekonania. Poznać i zrozumieć jej losy to droga do zrozumienia ludzi, z którymi jesteśmy związani. To sposób na rodzinne porozumienie! I fascynująca przygoda! To również może być ciekawa życiowa podróż do odbycia, jeśli chcemy budować bliskość i relację, będącą fundamentem wspólnie zakładanej rodziny. Bo życie w rodzinie to umiejętność angażowania w relację partnerską innych osób i tworzenia z nimi ważnych więzi. A bywa to nie lada wyzwaniem dla pary! Budowanie związku to stopniowe włączanie się pary w system rodzinny. To proces trudny, wymagający licznych kompromisów i wzajemnego wsparcia. Gdy spotykamy nowego partnera, przeżywamy zakochanie, zauroczenie, które nie zawsze przechodzi w głęboką i dojrzałą miłość. To fantastyczne uczucie, ale zbyt mało, by zbudować wspólne, rodzinne życie. Możemy też doświadczyć spokojnej miłości, której nie dopełnia zakochanie lub z czasem brakuje w niej namiętności. Przypomina ona raczej przyjaźń niż związek dwojga ludzi będących również kochankami. Wtedy doświadczamy monotonii i stagnacji, które z czasem wyjaławiają nas z emocji i pozbawiają nasze życie intensywnych barw. Nasza rodzina bardziej przypomina wtedy sprawnie działającą firmę lub grupę współlokatorów dzielących tę samą przestrzeń. Łatwo pojawiają się konflikty, trudne sytuacje, często padają raniące słowa, bo trudniej o cierpliwość i wyrozumiałość, gdy brak nam szczęścia i pozytywnej energii na co dzień. A czerpiemy je z bliskości i miłości. Największe szczęście, jakie może zdarzyć się dwojgu ludzi, to zakochanie, które ewoluuje w miłość, a para wciąż nie traci wzajemnej fascynacji sobą. Wtedy razem budujemy relację, na którą składają się uczucia, wspólne sprawy, radości, wyzwania, a której spoiwem jest mocne, stabilne uczucie. I wówczas ta miłosna układanka to nie tylko przyjaźń łącząca kochanków, to również relacje z innymi ważnymi dla nich osobami – to „nasza rodzina i my". Ten system tworzony jest dzięki zdolności zachowania równowagi pomiędzy relacją partnerską a innymi rodzinnymi więziami, dzięki umiejętności włączenia w świat dwojga partnerów wspólnej rodzinnej przestrzeni.

Dopełnia to ich szczęście, zbliża do siebie, cementuje relacje. Nigdy nie staje pomiędzy nimi! Dlatego droga od relacji „Nas dwoje" do „Nas troje" to najwspanialsza życiowa przygoda i nasze największe wyzwanie! Nasza szansa na wspólne szczęście! Szczęście nas dwojga i szczęście innych, ważnych dla nas ludzi.

Ważne, aby pojęcie „Nas troje" rozumieć symbolicznie, jako wspólną przestrzeń dwojga partnerów dopełnioną przez inne ważne dla nich osoby – dzieci, rodziców, rodzeństwo, przyjaciół, nawet wspólne zwierzęta. To nasze stado, nasza gromada, o którą wspólnie dbamy. Ta przestrzeń nie zagraża partnerskiej relacji, po prostu ją dopełnia, wzbogaca. Wspólnie uczymy się czerpać radość z życia rodzinnego, razem stawiamy czoła trudnościom, gdy trzeba wyznaczyć granice relacji i dbać o to, aby rola partnera była równie ważna w naszym życiu jak na przykład rodzica. To nie jest takie trudne! Razem o tym podyskutujmy – zapraszam do wspólnej podróży w świat rodzinnego systemu: „Nas troje" – czyli „ja, ty i nasza rodzina"!

Rozdział 1

Przepis na udane życie rodzinne

„Nas troje" – czyli „nas dwoje i nasza rodzina", to skomplikowana układanka! Żyjąc w rodzinie, funkcjonujemy w trójkącie: „ja – ty – nasza rodzina". Trójkąty rodzinne – czyli „nas dwoje i nasza rodzina" – to system licznych wzajemnych relacji, a rodzinne nastroje to wiele powiązanych ze sobą, często trudnych emocji. Ten trzeci element dopełniający relację partnerską to każdy, kto jest z nami i naszym partnerem związany. Dlatego możemy powiedzieć, że każdy związek to układ „Nas troje" – czyli „my i nasza rodzina". Czy tego chcemy, czy nie, każdy członek rodziny ma wpływ na nasz związek i bezpośrednio lub pośrednio kształtuje nasze wspólne życie. Gdy zaczynamy budować wspólną przyszłość, nasze relacje rodzinne i relacje partnera z jego najbliższymi stają się częścią świata, który do tej pory postrzegaliśmy jako „Nas dwoje". Gdy zaczynamy funkcjonować jako para, gdy zaczynamy planować wspólną przyszłość, proces tworzenia rodzinnych więzi to wyzwanie dla nas obojga. Dlatego relacje z rodziną partnera i jego z naszą są od początku tak ważne. A ich budowanie bywa nie lada wyzwaniem. Kolejny przełomowy moment dla pary to perspektywa zostania rodzicem. Dzieci mają największy, bezpośredni wpływ na związek partnerów. Moment pojawienia się na świecie malucha to wyjątkowy, ale też trudny czas. To rewolucja, do której nawet jeśli jesteśmy przygotowani teoretycznie, podejść należy z nastawieniem: wiele może nas zaskoczyć. To czas wspaniałych, ale też trudnych emocji, wyzwań i obowiązków, które wywracają nasze życie do góry nogami. Od tego czasu „Nas troje" to otaczająca nas rzeczywistość i musimy pamiętać, że oprócz bycia rodzicem jesteśmy również partnerem, musimy pielęgnować także tę relację i poświęcać uwagę nie tylko naszemu dziecku. Wpływ na relację „my i dziecko" mają również pozostali członkowie rodziny. Oboje partnerzy, włączając we wspólne życie swoje rodziny, konfrontują swoich bliskich z nowymi rolami – dziadków, cioć, wujków. To przykład tego, jak zmiana w życiu jednego z członków rodziny wpływa na pozostałych. Tak funkcjonuje system rodzinny, a im lepiej zrozumiemy jego mechanizm, tym łatwiej odnajdziemy się w skomplikowanym układzie rodzinnych zależności. Bo nasza codzienność to „Nas troje" i nasze rodzinne nastroje, a system rodzinny to wiele różnych miłości, które składają się na nasze uczucia i doświadczenia. Kochamy naszego partnera, kochamy nasze dzieci, swoich rodziców. Im więcej miłości, tym bogatsze jest nasze życie. Można kochać tak wiele osób! A każda z tych miłości jest inna. Każda to szczęście, za które powinniśmy być wdzięczni. To też wyzwanie i odpowiedzialność, to również trudne emocje i kryzysowe momenty. Jak się w tym odnaleźć, kochając również siebie i partnera? Ważna jest chęć dbania o rodzinne relacje, pielęgnowania pozytywnych emocji i więzi z najbliższymi osobami. Dbanie o bliskich i jednocześnie o siebie i swój związek, zachowanie równowagi pomiędzy ważnymi relacjami, to często nie lada sztuka. Jeśli zrozumiemy specyfikę funkcjonowania systemu rodzinnego oraz wzajemną zależność i wpływ jednych relacji na drugie, to dostrzeżemy, że ważnym elementem dbania o więź partnerską jest dbanie o relację z teściami, z własnymi rodzicami oraz wzajemne zrozumienie i wsparcie rodziny. Dlatego tak ważne jest otwarcie na każdą relację i pozytywne nastawienie do wszystkich. Nasze dobre intencje to połowa sukcesu!

Dla wielu osób funkcjonowanie w rodzinie jest trudne. Może ona dać nam siłę, oparcie i poczucie bezpieczeństwa. To ważne, aby dostrzec i w pełni wykorzystać ten potencjał. Czasem jednak bliskie osoby potrafią ranić, naruszać nasze granice, ingerować w nasz związek i naszą intymność i wtedy konieczne staje się postawienie jasnych i uczciwych granic. Jak to zrobić? Jak być asertywnym, a nie uległym lub agresywnym w relacjach z najbliższymi? Wspólnie się nad tym zastanowimy, i chociaż nie istnieje uniwersalna recepta na każdy rodzinny kłopot i konflikt, to są pewne zasady, które mogą pomóc nam w dbaniu o rodzinne relacje, w zachowywaniu równowagi pomiędzy naszym związkiem a relacjami z innymi bliskimi osobami. Zanim szczegółowo omówimy każde ważne zagadnienie, w skrócie możemy powiedzieć, że w radzeniu sobie z rodzinnymi nastrojami pomóc może:

1. Samoświadomość i samoakceptacja, czyli: szacunek do siebie samego, rozumienie własnych potrzeb, rozumienie

własnych emocji i samokontrola, motywacja do pracy nad sobą i chęć zmiany na lepsze, umiejętność dbania o siebie i miłość do siebie.

2. Umiejętność znalezienia dystansu oraz szukanie zrozumienia i akceptacji trudnych zachowań bliskich nam osób.

3. Motywacja do dbania o relacje z bliskimi osobami: umiejętność doceniania bliskich osób, rozumienie potrzeb innych, empatia w stosunku do nich, umiejętność dawania wsparcia i brania od bliskich tego, co chcą nam podarować.

4. Niezgoda na agresję.

5. Asertywność.

6. Umiejętność dobrej komunikacji.

7. Rozumienie zasad funkcjonowania rodziny. Poznanie jej historii i systemu wartości oraz reguł, według których funkcjonuje.

8. Umiejętność dbania o relacje z partnerem, czyli: wyznaczanie granic, szacunek do partnera i liczenie się z jego zdaniem, traktowanie rodzinnych kłopotów jako wspólnych spraw i wspólne poszukiwanie rozwiązań trudnych sytuacji, podział codziennych obowiązków, dbanie

o wspólnie spędzany czas, dobrą komunikację i intymność w relacji.

Jak te zasady można przełożyć na codzienne życie pełne rodzinnych nastrojów i trudnych sytuacji?

1.1. Po pierwsze: zacznij od siebie!

Jeśli chcemy utrzymywać dobre relacje z najbliższymi, przede wszystkim powinniśmy zacząć od siebie. Gdy jesteśmy silni, stabilni emocjonalnie, spokojni, asertywni, świadomi własnych potrzeb i potencjału, wtedy łatwiej nam uporać się z trudnymi sytuacjami i rodzinnymi kryzysami. Aby zbudować często niełatwe rodzinne relacje, trzeba mieć zarówno świadomość swoich zalet, tego, co możemy innym dać od siebie, jak i wad, które mogą być przeszkodą w tworzeniu więzi z najbliższymi. Zacząć od siebie to znaczy dobrze siebie poznać, lubić, szanować, ale też umieć być względem siebie krytycznym. Ważna jest dyplomacja i zdolność panowania nad własnymi emocjami – to daje nam umiejętność znalezienia dystansu do sytuacji, do których nie warto przywiązywać wagi. Pomaga również umiejętność samokontroli, czyli opanowania trudnych emocji. Ważna jest zdolność do wyznaczania granic, a do tego niezbędna jest samoświadomość – czyli wiem, czego chcę, co jest dla mnie ważne, znam swoje potrzeby i ograniczenia. Zacząć od siebie to znaczy zrozumieć, że to od nas w dużej mierze zależy nasze rodzinne szczęście – trochę na przekór różnym trudnym sytuacjom i tym, którzy nam w budowaniu rodzinnej stabilizacji (delikatnie mówiąc) nie pomagają! To, jak interpretujemy czyjeś zachowanie, jak na nie reagujemy i jak sobie z nim radzimy, wpływa na nasze samopoczucie. Na innych tak naprawdę mamy tylko pośredni wpływ. Możemy tłumaczyć, prosić, negocjować i próbować wyegzekwować to, na czym nam zależy, ale nie zawsze to się udaje. Jeśli ktoś nie chce zmienić zdania, sposobu zachowania, opinii na jakiś temat, nie możemy go do tego zmusić. Nie umiemy też czytać w myślach, więc nigdy do końca nie poznamy intencji zachowań, które sprawiają nam problem. Jeśli nie potrafimy wziąć pod uwagę różnych motywów czyjegoś zachowania i mamy tendencje do przypisywania innym złych zamiarów względem nas, to zawsze będziemy negatywnie nastawieni, przewrażliwieni i nerwowi w sytuacjach, które nam nie odpowiadają. Jeśli nie doceniamy pozytywnych cech bliskich nam osób, a koncentrujemy się tylko na tych, które uznajemy za wady, nigdy nie zbudujemy pozytywnej relacji, a w trudnej sytuacji będziemy niepotrzebnie eskalować konflikt. Jeśli nie umiemy panować nad gniewem, dajemy się ponieść złości, łatwo o agresywne zachowanie. A agresja budzi agresję. Negatywne emocje są zaraźliwe. Raz wypowiedziane w złości słowa oddalają od siebie bliskich ludzi, ranią ich i pozostawiają na długo ślady w psychice. W imię zasady: „Chcesz zmienić świat, zacznij od siebie" warto przepracować wszystko to, co pomoże nam w budowaniu pozytywnych więzi. Wypracowanie w sobie cech i postaw, które sprawią, że będziemy jednocześnie asertywni i wyrozumiali, spokojni i konsekwentni, pozytywnie nastawieni i świadomi siebie, to fundament naszych więzi z bliskimi osobami. Bo wpływamy na swoje zachowanie, nastawienie, nastrój oraz na to, jak sobie w trudnych sytuacjach radzimy i jak traktujemy siebie i innych. Samoświadomość i samokontrola – to podstawy budowania rodzinnych relacji. To od nas zależy, czy przejmiemy się czyjąś złośliwością, czy damy się ponieść negatywnym emocjom. Od nas również zależy, czy zaangażujemy się w konflikt, jaki wpływ będzie miała na nas negatywna atmosfera, czy sprawimy komuś przykrość. My ustalamy zasady naszej życiowej przestrzeni. My decydujemy o tym, z kim zbudujemy bliską relację, a z kim jedynie utrzymamy „poprawne stosunki". Dlatego praca nad sobą, otwarta na innych postawa, pozytywne nastawienie do bliskich osób to warunki konieczne do zbudowania rodzinnego szczęścia. Aby pracować nad sobą, nad relacjami z bliskimi osobami, trzeba nie tylko zrozumieć, ale przede wszystkim pokochać siebie. Kochać siebie to znaczy umieć zadbać o siebie, sprawiać sobie przyjemności, dać sobie prawo do szczęścia, szanować siebie i akceptować, mieć poczucie własnej wartości i godności. Kochać siebie to znaczy mieć swoje pasje, dbać o siebie pod każdym względem, umieć ze sobą rozmawiać i mieć odwagę zadawać sobie trudne pytania oraz mieć siłę poszukiwać odpowiedzi na nie. Kochać siebie to znaczy rozwijać się i stawać się lepszym człowiekiem. Warto od tego zacząć, bo kochając siebie, łatwiej będzie kochać innych!

Przeanalizujmy dokładnie – co możemy w sobie zmienić? Która z naszych cech pomoże nam poradzić sobie z rodzinnymi nastrojami?

„Nas troje" to układanka „trudnych relacji – trudnych miłości". Relacje rodzinne to nie tylko sielanka. Czasem ciężko jest wybaczyć, wyciągnąć rękę na zgodę, docenić bliskich czy zdobyć się na kompromis w spornych sytuacjach. Miłość bywa trudna. Czasem trzeba się jej długo uczyć. Może od nas wymagać „psychologicznej pracy", czyli tak zwanego przepracowania wielu ważnych i budzących silne emocje kwestii dotyczących relacji rodzinnych. Dlatego pierwszym etapem powinna być praca nad sobą samym. Samodzielne przepracowanie lęków, niepokojów i osobisty rozwój polegający na konfrontacji z własnymi trudnymi cechami i na refleksji umożliwiającej zmianę czynników, które mogą nam skomplikować, a czasem nawet uniemożliwić budowanie i utrwalanie więzi rodzinnych. Dopiero wtedy możemy przejść do kolejnego etapu, czyli pracy nad relacjami z bliskimi, nad umiejętnością dostrzegania i doceniania potencjału tkwiącego w relacjach rodzinnych. To również proces, w którym czasem musimy zmierzyć się z trudnymi sytuacjami i który wymaga empatii, asertywności, dobrej komunikacji i życzliwości względem i siebie, i innych. Najważniejsze jest to, że można nad sobą pracować, że można się nauczyć tego, co buduje i wzmacnia relacje rodzinne! I wcale nie musi być to nieprzyjemna praca, może dać nam wiele satysfakcji i radości. W takim razie do dzieła!!! Zacznijmy od siebie.

Pomocne ćwiczenie:

Zastanów się, a potem odważnie i szczerze (tak z ręką na sercu ☺) odpowiedz na pytanie, jakie cechy twojego charakteru utrudniają budowanie i pielęgnowanie rodzinnych relacji.

Cechy mojego charakteru, które utrudniają budowanie i pielęgnowanie relacji rodzinnych:	

1.1.1. Kochanie siebie

Kochanie siebie to pielęgnowanie pozytywnej energii, którą możemy obdarzyć innych. Kochając siebie, jesteśmy spokojni, łagodni, wyrozumiali, cierpliwi, pogodni, troskliwi. Kochanie siebie nie jest równoznaczne z samozachwytem, brakiem krytycyzmu względem siebie i postawą: „To ja zawsze mam rację!". Mądra miłość to po prostu przekonanie, że zasługuje się na szacunek. To danie sobie prawa do szczęścia. To wiara w siebie i swój potencjał. To pozytywne nastawienie do własnej osoby, które sprawia, że kochamy świat i innych. Uwalnia nas ono od złości, frustracji, kompleksów i ograniczających nas negatywnych przekonań. Miłość do siebie to umiejętność dbania o siebie, sprawiania sobie przyjemności, cieszenia się własnymi sukcesami. To otwartość na innych i to, co mogą nam dać. To chęć obdarowywania bliskich tym, co mamy najcenniejszego. Kochanie siebie to umiejętność przyjęcia czyjejś miłości, to otwarcie na bliskość, to zaufanie do siebie, innych ludzi i świata!

Jak pokochać siebie? To często trudny proces i żmudna nauka. Ale warto podjąć to wyzwanie i dla siebie, i dla najbliższych! Zacznij od pielęgnowania i wzmacniania w sobie postawy: „Jestem swoim najlepszym przyjacielem"! Traktuj siebie samą / siebie samego jak kogoś, kogo kochasz, kto jest ważny. Dbaj o siebie, naucz się sprawiać sobie przyjemność, odpoczywaj, mów sobie komplementy, bądź asertywna / asertywny, mów innym, co czujesz, spokojnie szukaj rozwiązania trudnych spraw, nie obwiniaj się za wszystko. Warto zacząć od prostych rzeczy:

1. Codziennie znajdź przynajmniej pół godziny tylko dla siebie i zrób wtedy to, na co masz ochotę. To może być gorąca kąpiel, chwila z książką, obejrzenie ulubionego serialu.

2. Zacznij każdy dzień od jakiejś przyjemności. To może być smaczne śniadanie, posłuchanie ulubionej muzyki w drodze do pracy, założenie ubrania, które lubisz i w którym czujesz się wyjątkowo dobrze.

3. W ciągu dnia dbaj o chwile odpoczynku. To może być kilkanaście minut raz na dwie godziny. Chwila, aby wypić spokojnie kawę, wyjść na spacer.

4. Przynajmniej raz w tygodniu spraw sobie jakiś prezent. Kup sobie coś, nawet niedrogi drobiazg!

5. Zjedz lunch, obiad, nie zajmując się pracą i nie myśląc o problemach i obowiązkach.

6. Zaplanuj na wieczór jakąś przyjemność. To może być kolacja z mężem, gdy wrócicie wieczorem do domu z pracy, lub wspólna kąpiel, gdy dzieci pójdą już spać.

7. Codziennie powiedz sobie jakąś afirmację, czyli twoją mantrę, twoje pozytywne hasło, które poprawia ci nastrój, motywuje cię do działania. Na przykład „Przed tobą cudowny dzień" albo „Jesteś wyjątkową osobą i zasługujesz na to, co najlepsze" lub „Dbaj o siebie, a wtedy zadbasz o ukochane osoby".

8. Codziennie powiedz sobie jakiś komplement. Spójrz w lustro i pochwal siebie za coś! Codziennie uśmiechnij się do siebie!

9. Nie krytykuj siebie, nie złość się na siebie. Skup się na swoim potencjale i możliwościach.

10. Spokojnie i uważnie zrób listę ważnych rzeczy do zrobienia. Zaplanuj i zapisz w kalendarzu, kiedy co chcesz zrobić, i konsekwentnie realizuj swój plan działania. Niczego nie odkładaj na potem, planuj swój dzień, swój tydzień, tak aby oprócz obowiązków mieć czas na odpoczynek i przyjemności!

11. Mów bliskim czego potrzebujesz, co jest dla ciebie ważne!

12. Koncentruj się na swoich pozytywnych myślach i emocjach!

Kochanie siebie to życzliwa i pełna troski względem samego siebie postawa, której codziennie możesz się uczyć, nad którą codziennie możesz pracować. Zacznij od tej chwili!

Pomocne ćwiczenie:

Pokochaj siebie. Pielęgnuj swoją miłość do siebie! Czerp siłę i energię z pozytywnego nastawienia i dziel się dobrymi emocjami! Dbaj o siebie i bądź swoim najlepszym przyjacielem!

Tygodniowy dzienniczek dbania o siebie

Codziennie spraw sobie jakąś przyjemność (prezent) oraz powiedz sobie jakiś komplement. Zapisz to, z czego danego dnia jesteś zadowolona / zadowolony, i pochwal się za to!

Dzień tygodnia:	Przyjemność sprawiona sobie:	Komplement powiedziany sobie:	To, z czego się cieszę, to, co mi się udało:
Przykład:	kupienie sobie perfum	„Ładnie dziś wyglądasz”	zapisanie się na angielski
Poniedziałek:			
Wtorek:			
Środa:			
Czwartek:			
Piątek:			
Sobota:			
Niedziela:			

1.1.2. Rozumienie siebie

Rozumienie siebie to świadomość swoich wad i jednocześnie umiejętność docenienia swoich zalet. To postawa, którą można wyrazić słowami:

– „Wiem, nad czym muszę pracować, co warto w sobie zmienić, co mnie ogranicza i może utrudniać budowanie pozytywnych więzi!",

– „Wiem, co mogę zaoferować innym, co jest moją mocną stroną i na czym mogę budować relacje z ukochanymi osobami!".

Rozumienie siebie pomaga być asertywnym:

– „Znam swoje potrzeby i jeśli nikogo tym nie krzywdzę, to mam prawo je zaspokoić. Mam swoje zdanie na ważne tematy, własne poglądy i wymagam szacunku do siebie, tak jak i ja szanuję innych, nawet jeśli się z nimi nie zgadzam!".

Rozumienie siebie pomaga wyznaczać granice w relacjach z innymi osobami:

– „Wiem, co jest dla mnie ważne, i nie godzę się na agresję, brak szacunku czy inne przemocowe zachowania względem siebie!".

Rozumienie siebie pomaga pracować nad sobą, rozwijać się, stawać się lepszym człowiekiem. Motywacja do samorozwoju jest oparta o samoświadomość:

– „Wiem, co chcę w sobie przepracować – zmienić!”,

– „Wiem, jaka zmiana we mnie sprawi, że moje relacje z najbliższymi poprawią się, będą zarówno dla mnie, jak i dla innych źródłem szczęścia i satysfakcji!”.

Poznawanie siebie to proces. Każdego dnia uczymy się siebie. Każdego dnia mamy coraz lepszy kontakt z samym sobą. Dzięki temu otwieramy się na relacje z innymi. A dobry kontakt z sobą to między innymi umiejętność rozmowy z sobą samym, odwaga w zadawaniu sobie trudnych pytań i szukaniu odpowiedzi:

– „Czego pragnę?”,

– „Co mnie rani?”,

– „Co chcę dać od siebie innym?”,

– „Co w relacjach z bliskimi osobami jest dla mnie najważniejsze?”,

– „Co w relacji z bliskimi osobami jest dla mnie najtrudniejsze?”.

Dobry kontakt z sobą to umiejętność obserwowania siebie, analizowanie własnych reakcji, emocji i umiejętność bycia krytycznym względem siebie. To uczciwa samoocena i refleksja pozwalająca wyciągać wnioski:

– „Dlaczego tak zareagowałam / zareagowałem? Co w tej sytuacji było dla mnie trudne i dlaczego?",

– „Jak inaczej mogę się zachować, aby nikogo nie ranić / aby nie eskalować konfliktu?".

Warto zastanowić się, jak widzą nas inni? Co w nas lubią? Za co nas cenią? Co może być dla innych osób trudne w kontakcie z nami?

Zastanów się, co odpowiedziałby twój partner / twoja partnerka na pytanie:

– „Jaka ona jest / on jest? Opisz mi ją / jego? Co w niej / nim cenisz najbardziej? Jaka cecha charakteru jest jej / jego największą zaletą? Jaka cecha charakteru jest według ciebie jej / jego największą wadą?".

Co powiedziałaby twoja mama? Co siostra? Warto czasem spojrzeć na siebie oczami bliskich nam osób. Zastanowić się, jak funkcjonujemy w relacjach z tymi, na których najbardziej nam zależy. Może okazać się, że w kontakcie z różnymi osobami różne nasze cechy są bardziej lub mniej widoczne, mają większe lub mniejsze znaczenie i wpływ na relacje. Czasem jesteśmy bardziej wyrozumiali, a czasem bardziej krytyczni i wymagający. Czasem mniej, a czasem więcej oczekujemy od innych. Warto się temu przyjrzeć i zastanowić, z czego to wynika i jaki ma wpływ na nas, bliską osobę i pozostałych członków rodziny. Moim zdaniem warto czasem o to po prostu zapytać. Jest wiele okazji do takich ważnych, trudnych rozmów. Spróbuj!

Pamiętaj: nasza dojrzałość pozwala budować pozytywne relacje rodzinne. Dojrzałość to suma naszych refleksji, wniosków i efekt procesu, którym jest praca nad sobą. Warto podjąć to wyzwanie. Dla siebie i dla bliskich nam osób!

Pomocne ćwiczenie:

Zastanów się – jaką jesteś osobą? Postaraj się wymienić cechy swojego charakteru. Zacznij od tych, które uważasz za pozytywne. Czy jesteś osobą opanowaną? A może jesteś emocjonalna / emocjonalny i trudno ci zapanować nad emocjami? Czy jesteś uparta / uparty? Czy potrafisz konsekwentnie dążyć do celu? Zastanów się nad swoimi trudnymi cechami. Postaraj się je wymienić.

Moje cechy charakteru:

Pozytywne:	Wymagające zmiany:

Zrozum i poznaj siebie. Buduj swoją samoświadomość w kontekście relacji z najbliższymi osobami. Przyjrzyj się swojemu zachowaniu wobec bliskich i spróbuj uczciwie je ocenić. Wyciągnij wnioski – które cechy twojego charakteru mogą mieć szczególnie duży wpływ na twoje rodzinne relacje?

Moje mocne strony, zalety, które pomagają mi w budowaniu dobrych relacji rodzinnych:

Moja pozytywna cecha charakteru:	Sytuacje, w których jest ona szczególnie pomocna w budowaniu dobrych rodzinnych relacji:
Przykład: – ugodowość	– przymykanie oka na drobne nieporozumienia z teściami dzięki dystansowi do uwag na temat mojego gotowania

Moje wady, które mogą przeszkadzać mi w budowaniu dobrych relacji rodzinnych:

Moja negatywna cecha charakteru:	Sytuacje, w których jest ona szczególnie uciążliwa w budowaniu dobrych rodzinnych relacji:	Podsumowanie – co chcę w sobie zmienić:
Przykład: – upór	– nie potrafię pierwsza / pierwszy wyciągnąć ręki na zgodę	– postaram się częściej ustępować, wyciągać rękę na zgodę

1.1.3. Psychiczna równowaga

Gdy jesteśmy zrównoważeni emocjonalnie, czyli potrafimy dobrze rozpoznać, nazwać swoje emocje i umiemy je konstruktywnie rozładować, wtedy nie wybuchamy niekontrolowaną złością, nie jesteśmy agresywni, nie wdajemy się w niepotrzebne konflikty sprowokowani przez inną osobę. Psychiczna równowaga to stabilność emocjonalna i samokontrola, to świadomość swoich uczuć i umiejętność radzenia sobie z trudnymi emocjami.

To naturalne, że towarzyszą nam różne uczucia – i te pozytywne, i te negatywne. Nikt nie potrafi tak nas wyprowadzić z równowagi, jak bliskie nam osoby. Im bardziej nam na kimś zależy, im jest nam bliższy i ważniejszy dla nas, tym większy ma on / ona wpływ na nasze samopoczucie psychiczne. Kąśliwa uwaga pani w sklepie, kiepski humor koleżanki w pracy nie popsują nam nastroju tak bardzo, jak uszczypliwość własnej matki czy rozdrażnienie męża. Tak samo nasz nastrój, nasze samopoczucie i emocje wpływają na naszą rodzinę. Na humor najbliższych nie zawsze mamy wpływ, dużo większy – na własne samopoczucie. Dlatego dbanie o dobry stan psychiczny, rozpoznawanie swoich emocji, a przede wszystkim umiejętność radzenia sobie w sytuacjach stresowych, to ważne zadanie dla wszystkich, którzy chcą świadomie i dojrzale dbać o relacje z najbliższymi osobami.

Emocje są zaraźliwe. Zaobserwuj, jaki wpływ na rodzinę ma twoje przygnębienie? Jak reagują najbliżsi, gdy jesteś smutna / smutny? Zauważ, jak działa na nich twoja złość?

Oczywiście, masz pełne prawo do emocji – nie chodzi o to, aby je tłumić, wypierać, chować w sobie. Jeśli czujesz się źle, masz zły nastrój, zadaj sobie pytania:

– „Co czuję? Jakie to odczucia, emocje?",

– „Jak mogę konstruktywnie, czyli w sposób nikogo nieraniący, nikomu niesprawiający przykrości, rozładować to uczucie, to napięcie?".

Może warto spokojnie porozmawiać z najbliższymi o trapiącym cię problemie? Może czas rozwiązać jakąś trudną sprawę? Albo warto zatroszczyć się o siebie, odpocząć, sprawić sobie przyjemność? Może czas wyznaczyć granice, powiedzieć: „To jest dla mnie trudne, to mnie rani, porozmawiajmy spokojnie, jak to zmienić".

Niestety, bardzo często rozładowujemy stres na najbliższych. Stają się oni naszym „emocjonalnym workiem treningowym". Dlatego panowanie nad swoimi emocjami, samokontrola to warunek konieczny w budowaniu rodzinnych więzi, w których nie ma miejsca na zachowania agresywne.

Pomocne ćwiczenie:

Przeanalizuj swoje emocje i ich wpływ na twoje rodzinne relacje. Zastanów się, jaki często masz nastrój, jakim emocjom ulegasz i czy – lub na ile – mają one związek z twoimi relacjami z bliskimi osobami? Zastanów się, jakie sytuacje i problemy powodują, że tak się czujesz? Zastanów się, jakie emocje mają wpływ na twoje rodzinne relacje? Pomyśl, które z nich mają wpływ negatywny i w jakich sytuacjach, a które pozytywny? Zastanów się, jak możesz poradzić sobie z uczuciami, które mają negatywny wpływ na ciebie i twoich bliskich?

1. Emocje, które często odczuwam, i to, co może je powodować:

Emocja:	Jej przyczyna:
Przykład: – przygnębienie	– brak satysfakcji z pracy zawodowej

2. Moje nastroje (emocje), które mają negatywny wpływ na relacje z najbliższymi osobami:

Mój nastrój (uczucie, emocja):	Sytuacje, w których niszczy on dobre rodzinne relacje:
Przykład: – rozdrażnienie	– zamiast wieczorem zjeść w miłej atmosferze wspólną kolację, złoszczę się i czepiam o byle co

3. Moje konstruktywne sposoby radzenia sobie z nastrojami (emocjami), które mają negatywny wpływ na relacje z najbliższymi osobami:

Mój nastrój (emocja):	Mój pozytywny sposób radzenia sobie z emocjami:
Przykład: – przygnębienie	– sprawiam sobie jakąś przyjemność

4. Moje nastroje (emocje), które mają pozytywny wpływ na relacje z najbliższymi osobami:

Mój nastrój (emocja):	Sytuacje, w których jest on szczególnie ważny, pomocny w budowaniu, pielęgnowaniu dobrych rodzinnych relacji:
Przykład: – spokój i opanowanie	– zamiast wdawać się w kłótnie, spokojnie rozmawiam o trudnej sytuacji i proponuję rozwiązania

1.1.4. Praca nad sobą

Nikt nie jest idealny, każdy ma trudne cechy charakteru, które i jemu, i jego najbliższym potrafią znacznie uprzykrzyć życie. Ty też nie jesteś aniołkiem, prawda? Przyznanie się przed samym sobą do wad, świadomość własnych ograniczeń, refleksja dotycząca swojego postępowania, decyzji, sposobu budowania relacji z innymi – to podstawa tworzenia i pielęgnowania głębokich i stabilnych więzi. Ważna jest umiejętność spojrzenia na siebie, na swoje zachowanie z dystansem i uczciwa ocena własnych błędów. Jeśli potrafimy być samokrytyczni, to dajemy sobie szansę na zmianę, na rozwój, również w relacjach rodzinnych. Dzięki takiej postawie dostrzegamy i rozumiemy to, co możemy w sobie zmienić, aby więzi rodzinne były i dla nas, i dla naszych bliskich źródłem radości i wsparcia. Szczególnie w trudnych momentach, w konfliktowych sytuacjach cenna jest odpowiedź na pytania:

– „Co ja mogłam / mogłem zrobić inaczej?”,

– „Czy ja nie popełniłam / nie popełniłem błędu?”,

– „Jak moje zachowanie odebrała bliska mi osoba? Jak się w tej sytuacji czuła?”.

Dzięki temu nie widzimy winy tylko po stronie innych, nie zamykamy się w sobie, nie zacietrzewiamy we własnych żalach i pretensjach. Rodzinne nastroje to tygiel naszych emocji i emocji naszych bliskich. To wypadkowa wzajemnych oczekiwań, pretensji, zależności, radości i trosk. Im więcej wysiłku włożymy w pracę nad sobą, tym większa szansa, że utrzymamy równowagę pomiędzy tym, co ważne dla nas, a tym, co ważne dla naszych najbliższych. Praca nad sobą to samoświadomość i motywacja do zmian, w których pomaga nam refleksja:

1. Jakie popełniam błędy w relacjach z innymi?

2. Z czego one wynikają?

3. Jak chcę / powinienem / powinnam funkcjonować?

4. Plan: jak mogę zmienić swoje postępowanie?

5. Ocena: po czym poznam, iż zmiana przyniosła poprawę w moich relacjach rodzinnych?

Praca nad sobą to korzyść nie tylko na płaszczyźnie funkcjonowania rodziny, dająca dystans do trudnych sytuacji, cierpliwość i wyrozumiałość w konfliktowych momentach oraz szanse na kompromis, gdy sytuacja wymaga ciężkich decyzji. To również wartość dla nas samych i możliwość rozwoju, którego efekty odczujemy kompleksowo.

Pomocne ćwiczenie:

Spójrz na siebie z dystansem. Spróbuj popatrzeć na swoje zachowanie oczami bliskich ci osób i oceń siebie uczciwie. Dostrzeż sytuacje, w których twoje zachowanie mogło na przykład eskalować konflikt, sprawić komuś przykrość, utrudnić rozwiązanie problemu i znalezienie kompromisu. Zastanów się, jak mogłaś / mogłeś zachować się inaczej i jakie korzyści ty i twoi najbliżsi mieliby z takiej zmiany twojego zachowania.

Trudna sytuacja:	Moje zachowanie:	Konsekwencje mojego zachowania:	Jak inaczej mogłam / mogłem się zachować:	Jakie korzyści wynikałyby ze zmiany mojego zachowania:

1.1.5. Umiejętność znalezienia dystansu i szukanie zrozumienia i akceptacji trudnych zachowań bliskich nam osób

To, jak interpretujemy zachowanie innych, jakie intencje przypisujemy drugiej osobie, warunkuje, jak ocenimy daną sytuację i co będziemy w danym momencie odczuwać. Szczególnie w trudnych momentach, w sytuacjach ważnych i związanych z silnymi emocjami, mamy tendencje do popełniania kilku błędów, w psychologii nazywanych błędami poznawczymi, które negatywnie wpływają na nasze relacje z innymi i na nasz nastrój. Błędy te związane są z interpretacją zachowań i z przypisywaniem innym złych intencji oraz z pesymistycznym przewidywaniem przyszłości, czyli z naszym przekonaniem, że coś złego na pewno się wydarzy...

Czasem z góry, od razu, oceniamy i zakładamy, że ktoś robi coś celowo, przypisujemy mu złe zamiary. To tak zwane czytanie w myślach – „wiem, co on / ona myśli...", „wiem, o co jemu / jej chodziło...".

Kolejny błąd to przewidywanie przyszłości, czyli nasza pewność co do nadchodzących wydarzeń, konsekwencji tego, co nastąpi. To tak zwane wróżenie – „on / ona na pewno..." (i tu nasze przewidywanie co do czyjegoś zachowania, decyzji) albo – „jestem pewna, że wkrótce..." (i tu przewidujemy przyszłość).

Kolejny, często spotykany błąd to tak zwane uogólnienia – „wszyscy", „zawsze", „nigdy". Powtarzamy te słowa, nie zastanawiając się, czy naprawdę tak jest, że na przykład „wszyscy mężczyźni..." (i tu nasze twierdzenie dotyczące WSZYSTKICH mężczyzn) albo „ty nigdy..." (i tu nasza krytyka, ocena). Nie bierzemy wówczas pod uwagę sytuacji, które przeczą tym stwierdzeniom, nie zastanawiamy się, czy jest to w stu procentach prawda, że ktoś „nigdy" albo my „zawsze"... Jesteśmy surowi, kategoryczni i najczęściej bardzo niesprawiedliwi w tak ferowanych wyrokach.

Nasza błędna interpretacja jest odpowiedzialna za wiele nieporozumień i konfliktów, za trudne emocje, które stają pomiędzy bliskimi osobami. Bardzo często niepotrzebnie denerwujemy się, obrażamy, złościmy. Czasem niesłusznie obwiniamy kogoś albo martwimy się czymś, przekonani, że wiemy, co ktoś w danej sytuacji myślał, jakie miał zamiary i co się w związku z tym wydarzy.

Pamiętam jedną z moich Pacjentek, która była przekonana, że jej mąż ma romans. Przyszła do mnie i bardzo zdenerwowana opowiedziała o niepokojącej ją sytuacji:

– *Mój mąż od jakiegoś czasu podejrzanie się zachowuje. Jestem pewna, że ma romans! Wiedziałam, że prędzej czy później to się wydarzy, tyle moich koleżanek zostało porzuconych i ja też czułam, że mnie to spotka! On też mnie zostawi, wiem to! Wiem, co knuje! I myśli, że jestem taka głupia, że się nie domyślę! Wszyscy mężczyźni prędzej czy później zdradzają swoje żony. Nigdy nie należy im ufać. Zawsze skorzystają z nadarzającej się okazji.*

– Co w jego zachowaniu cię niepokoi, co sprawia, że tak uważasz?

– Wychodzi do drugiego pokoju, aby porozmawiać z kimś przez telefon, kilka razy wrócił później z pracy i nie potrafił mi wyjaśnić, co robił i co było powodem spóźnienia do domu. No i najważniejsza rzecz: kilka dni temu wypłacił z konta dość dużą sumę pieniędzy. Wszystko wskazuje na to, że coś ukrywa, coś ma na sumieniu! Nigdy nie był ze mną szczery, zawsze musiałam się wszystkiego domyślać. I teraz też wiem, co chodzi mu po głowie!

– Rozumiem, że twój mąż zachowuje się w sposób, który cię niepokoi. Zastanawiam się, jakie mogą być powody jego zachowania. Ty jesteś przekonana, że cię zdradza, a ja bym chciała, żebyśmy wspólnie pomyślały, co jeszcze może powodować takie zachowanie.

– No nie wiem, pewnie różne rzeczy...

– Właśnie. Też myślę, że może być wiele powodów takiego zachowania. Nie wydaje ci się, że pewność co do powodów, intencji czyjegoś zachowania i co do tego, co się w związku z tym ma wydarzyć i co ktoś myśli, to trochę takie czytanie w myślach i wróżenie?

– Może tak, ale ja się naprawdę martwię tą sytuacją!

– Rozumiem, że się martwisz. W takim razie zastanówmy się, co możesz w związku z tym zrobić.

– Nie wiem...

– A może po prostu porozmawiaj ze swoim mężem. Powiedz mu o swoim niepokoju i zapytaj o powód jego zachowania.

– Spróbuję...

Na kolejną wizytę moja Pacjentka przyszła w wyśmienitym humorze:

– Wiesz, dobrze, że z nim porozmawiałam. To całkiem zabawna historia. Okazało się, że mój mąż i moje dzieci szykowali mi niespodziankę. On ukradkiem próbował z nimi przez telefon ustalać szczegóły, musieli załatwić kilka rzeczy i dlatego po pracy nie wracał od razu do domu. Co prawda już nie mam takiej niespodzianki, ale przynajmniej jestem spokojna!

Gdy czyjeś zachowanie nas niepokoi czy sprawia nam przykrość, ważne, abyśmy postarali się po prostu o tym porozmawiać. Warto pytać, zastanawiać się nad różnymi powodami, nie należy z góry zakładać najgorszego. Zamiast martwić się, denerwować i oskarżać, lepiej porozmawiać i dowiedzieć się, co się dzieje!

Pamiętajmy, że to nasza subiektywna ocena sytuacji wpływa na nasz nastrój, na atmosferę w związku, na nasz stosunek do drugiej osoby. Zastanówmy się, czy potrafimy być obiektywni, uczciwi, pozytywnie nastawieni i czy oceniając zachowanie innych, bierzemy pod uwagę różne intencje drugiej osoby, czy z góry czegoś nie zakładamy, przekonani o swojej słuszności!

Pomocne ćwiczenie:

Etap 1:

Zastanów się nad sytuacją, która miała niedawno miejsce i która była dla ciebie ważna / trudna, która dotyczyła jakiegoś nieporozumienia w relacji z bliską ci osobą i nie została do tej pory wyjaśniona. Na pewno masz już własny pogląd, własną interpretację wydarzeń i ich przyczyny, ale spróbuj zabawić się w detektywa i obiektywnie znaleźć jak najwięcej hipotez dotyczących tego, co się wydarzyło i z jakiego powodu. Zastanów się nad wszelkimi możliwymi wyjaśnieniami zachowania drugiej osoby. Weź pod uwagę wszystkie możliwe okoliczności. Im więcej znajdziesz możliwych wyjaśnień, tym lepiej.

Przykład:

Sytuacja: prośba o telefon w chwili, gdy potrzebna była pomoc, i brak kontaktu ze strony drugiej osoby. Bliska osoba nie zadzwoniła mimo prośby.

Interpretacje:

Interpretacja nr 1: *Lekceważy mnie, nie zależy jemu / jej na mnie!*

Interpretacja nr 2: *Nie wiedział / nie wiedziała, jak ważna i trudna jest to sytuacja i jak istotne jest dla mnie, aby zadzwoniła / zadzwonił. Nie wynikało to z lekceważenia, tylko z braku zrozumienia sytuacji.*

Interpretacja nr 3: *Jest roztargniona / roztargniony i wiele ważnych rzeczy wypada jej / jemu z głowy. Nie jest to związane z lekceważeniem mnie, tylko z tym, jak ta osoba na co dzień funkcjonuje.*

Interpretacja nr 4: *Wydarzyło się coś od niej / niego niezależnego, co uniemożliwiło wykonanie telefonu.*

Sytuacja:	
Interpretacja nr 1:	
Interpretacja nr 2:	
Interpretacja nr 3:	
Interpretacja nr 4:	

Etap 2:

Teraz zastanów się, jak się czujesz, jaki masz nastrój, jakie emocje pojawiają się, gdy bierzesz pod uwagę każdą kolejną interpretację zachowania drugiej osoby!

Interpretacja nr 1:	*Moje emocje, to, co czuję, gdy tak interpretuję daną sytuację:*
Interpretacja nr 2:	*Moje emocje, to, co czuję, gdy tak interpretuję daną sytuację:*
Interpretacja nr 3:	*Moje emocje, to, co czuję, gdy tak interpretuję daną sytuację:*
Interpretacja nr 4:	*Moje emocje, to, co czuję, gdy tak interpretuję daną sytuację:*

Etap 3:

Teraz zastanów się, co myślisz na temat tej osoby, interpretując w każdy z wymienionych sposobów jej zachowanie i daną sytuację. Jak oceniasz tę osobę, gdy bierzesz pod uwagę każdą kolejną interpretację jej zachowania?

Interpretacja nr 1:	*Moje myśli na temat tej osoby, gdy tak interpretuję daną sytuację:*
Interpretacja nr 2:	*Moje myśli na temat tej osoby, gdy tak interpretuję daną sytuację:*
Interpretacja nr 3:	*Moje myśli na temat tej osoby, gdy tak interpretuję daną sytuację:*
Interpretacja nr 4:	*Moje myśli na temat tej osoby, gdy tak interpretuję daną sytuację:*

Etap 4:

Teraz zastanów się, jak masz ochotę zachować się w stosunku do tej osoby, gdy interpretujesz w każdy z wymienionych sposobów jej zachowanie i daną sytuację. Co masz ochotę zrobić, gdy bierzesz pod uwagę każdą kolejną interpretację jej zachowania?

Interpretacja nr 1:	*Moje zachowanie w stosunku do tej osoby, gdy tak interpretuję daną sytuację:*
Interpretacja nr 2:	*Moje zachowanie w stosunku do tej osoby, gdy tak interpretuję daną sytuację:*
Interpretacja nr 3:	*Moje zachowanie w stosunku do tej osoby, gdy tak interpretuję daną sytuację:*
Interpretacja nr 4:	*Moje zachowanie w stosunku do tej osoby, gdy tak interpretuję daną sytuację:*

Etap 5:

Jakie wnioski wyciągasz z tego ćwiczenia?

Moje wnioski:	

Ściągawka:

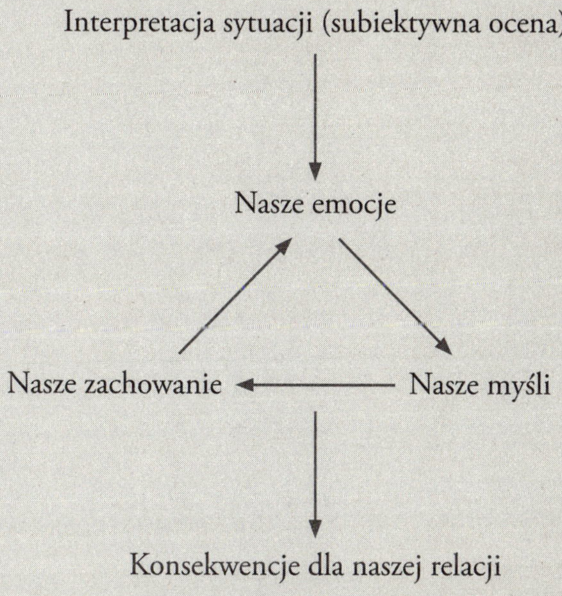

Tak zwane błędne koło interpretacji polega na tym, że nasza ocena i nasze nastawienie dotyczące jakiejś sytuacji wpływają na nasze emocje, nasze myśli i nasze zachowanie. Emocje, myśli i zachowanie oddziałują na siebie i wzajemnie intensyfikują, co ma bezpośredni wpływ na relację i nasz stosunek do drugiej osoby.

Przykład:

Sytuacja: on nie zadzwonił, mimo że go prosiłam.

Interpretacja sytuacji (subiektywna ocena):
„Lekceważy mnie"

Emocje: złość, żal

Zachowanie:
zrywam kontakt
z tą osobą

Myśl: „Mam go dość,
nie chcę mieć z nim
nic wspólnego"

Konsekwencje dla naszej relacji:
utrata kontaktu

Interpretacja sytuacji: „lekceważy mnie" powoduje złość, złość wpływa na nasze nastawienie i myśli, a one determinują sposób zachowania. A konsekwencje mogą być takie, że odsuniemy się od bliskiej osoby, stracimy z nią kontakt. Pytanie: czy słusznie? Czy dobrze oceniliśmy daną sytuację?

Łatwo wpaść w błędne koło interpretacji i negatywnie się nastawić, co może budzić złe emocje, powodować konflikty lub oddalać od bliskich osób. Aby tego uniknąć, należy zastanowić się nad różnymi wyjaśnieniami trudnej sytuacji, wziąć pod uwagę wszystkie fakty i okoliczności czyjegoś zachowania, a przede wszystkim należy porozmawiać z bliską osobą i poprosić ją o wyjaśnienie tego, co się wydarzyło. Należy uczciwie powiedzieć o tym, co czuliśmy i co nas zraniło, i zapytać o powody tego, co się stało!

Pamiętaj, nie jesteś jasnowidzem, nie potrafisz czytać w myślach, przewidywać przyszłości. Nie umiesz zgadywać intencji innych. Ludzie są różni i nie należy posługiwać się uogólnieniami czy stereotypami, że wszyscy należący do jakiejś grupy ludzie są tacy sami i tak samo się zachowują. Nie zakładaj, że „zawsze" lub „nigdy", bo po prostu tego nie wiesz, a sytuacje są tak różne, że uogólnienie nie ma żadnego uzasadnienia. A przyszłość często może nas zaskoczyć, również mile!

1.2. Po drugie: dostrzegaj i doceniaj pozytywne cechy w bliskich osobach i dbaj o rodzinne relacje

Lubienie i szanowanie siebie, czyli między innymi znajomość własnych potrzeb, zalet i umiejętność doceniania tego, co w nas najlepsze, to warunek konieczny, ale niewystarczający do budowania pozytywnych rodzinnych relacji. Ponieważ radzenie sobie z rodzinnymi nastrojami wymaga często dużej dozy wyrozumiałości i cierpliwości, to również pozytywne nastawienie do innych jest konieczne w budowaniu i pielęgnowaniu więzi z bliskimi osobami. Co nam może w tym pomóc? Między innymi umiejętność dostrzeżenia w bliskich osobach tego, co w nich najlepsze, najbardziej wartościowe, i skoncentrowanie się na ich pozytywnych cechach. Zastanów się, czy masz w sobie chęć zrozumienia i poznania innych. Czy potrafisz się skupić na ich zaletach? Na ile znasz bliskie ci osoby?

Nie ma ludzi idealnych, każdy ma wady i zalety. Jeśli zwracamy uwagę tylko na negatywne cechy, jeśli pielęgnujemy w sobie żal, pretensje i urazy, wtedy nasze relacje będą źródłem wiecznej frustracji i pasmem niekończących się rozczarowań. Dlatego umiejętność oparcia relacji na pozytywnym potencjale bliskich osób bardzo ułatwia pielęgnowanie więzi i dbanie o dobrą atmosferę w rodzinie. Jeśli jesteśmy blisko z naszą rodziną, to znamy zalety jej członków i potrafimy korzystać z ich wsparcia, tak jak sami chcemy ich wspierać, gdy naszej pomocy potrzebują. Rodzina to system, który chroni swoich członków i potrafi przetrwać w trudnych sytuacjach. Docenić wartość życia w rodzinie to znaczy czerpać z bliskich relacji to, co najbardziej wartościowe! Dbanie o rodzinne relacje to rozumienie specyfiki jej nastrojów, czyli między innymi rozumienie bliskich osób, ich potrzeb, postaw i charakterów!

Czy zastanawiasz się nad tym, co najbardziej lubisz, jakie cechy cenisz w bliskich ci osobach? Co one wnoszą w twoje życie? Jeśli nie, warto to zrobić! Każdy z członków twojej rodziny wzbogaca wasze relacje. Umiejętność docenienia zalet bliskich osób i skoncentrowanie się na tym, co w nich najbardziej pozytywne, pomaga znaleźć dystans w trudnych, konfliktowych sytuacjach. Nieporozumienia zdarzają się w każdej rodzinie. Jesteśmy różni, mamy inne potrzeby, poglądy, a to czasem prowadzi do sporów i generuje emocje negatywnie wpływające na nasze relacje. Dlatego, niezależnie czego spór dotyczy, świadomość zalet drugiej osoby i umiejętność patrzenia na nią przez pryzmat tego, co najbardziej w niej lubimy, bardzo pomagają ostudzić emocje, wyciągnąć rękę na zgodę czy przymknąć oko na nieporozumienie. Gdy bliska osoba powie lub zrobi coś, co nas irytuje, warto pomyśleć, jak wiele ona dla nas znaczy, przypomnieć sobie sytuacje, gdy mogliśmy na nią liczyć, gdy była dla nas oparciem, powiedzieć sobie w myślach: „Nikt nie jest idealny, a przecież ją / jego tak cenię / kocham za...". Umiejętność wybaczania, ustępowania, szukania kompromisu, niezacietrzewiania się w swoich racjach, dostrzegania dobrych intencji, spokojnego reagowania w sytuacjach konfliktowych, tonowania negatywnych emocji – to sztuka życia w rodzinie. Im lepiej ją opanujemy, tym bardziej harmonijne i pozytywniejsze będą nasze relacje z najbliższymi. Jednym ze sposobów na opanowanie tych niełatwych umiejętności jest właśnie koncentrowanie się na pozytywnych cechach naszych najbliższych. A każdy je ma – na szczęście!

Pomocne ćwiczenie:

Pomyśl o każdej bliskiej ci osobie i wymień jej pozytywne cechy, te, które lubisz i cenisz w niej najbardziej. Wypisz te cechy i szczególnie ważne dla waszej relacji sytuacje, w których miała znaczenie jedna z tych zalet.

Moje najbliższe osoby:	Ich pozytywne cechy:	Sytuacje, w których ta cecha miała znaczenie:
Przykład: Moja mama	Troskliwość	– gdy byłam chora, przyjechała do mnie z domowym obiadem i lekarstwami
Mój tata		
Moja teściowa		
Mój teść		

Pamiętajmy: dobra relacja to taka, która wydobywa z nas to, co najlepsze!

1.2.1. Empatia

Kolejna ważna kwestia w budowaniu dobrych rodzinnych relacji to nasza zdolność współodczuwania, rozumienia uczuć innych, czyli empatia. Jeśli potrafimy być wielkoduszni, cierpliwi, jeśli jesteśmy w stanie zrozumieć punkt widzenia drugiej osoby, nawet jeśli się z jej zdaniem nie zgadzamy, łatwiej nam poradzić sobie z trudnymi sytuacjami i nieporozumieniami, które zdarzają się w każdej rodzinie. Nie musimy się we wszystkim zgadzać, możemy mieć różne opinie, różne potrzeby – to zupełnie naturalne. Rodzinne nastroje to też trudne emocje, którym stawiamy czoła. Im bardziej jesteśmy otwarci na bliskie osoby, im lepiej rozumiemy ich uczucia, wiemy, co ich rani i co jest dla nich naprawdę ważne, tym większa szansa, że znajdziemy porozumienie w konfliktowej sytuacji. Czy starasz się zrozumieć, z czego wynikają zachowania i emocje bliskich ci osób? Co nimi kieruje? Co czują? Dlaczego w danej sytuacji tak, a nie inaczej ktoś reaguje? Dlaczego jakaś sytuacja jest dla drugiej osoby szczególnie przykra, na jakie słowa i zachowania jest ona wyjątkowo wrażliwa?

Zastanów się:

- Czy obserwujesz bliskie ci osoby i umiesz przewidzieć ich zachowania?

- Czy zadajesz sobie pytania: co ona / on czuje? Co sprawia jej / jemu przyjemność?

– Czy rozumiesz emocje, uczucia bliskich ci osób?

– Czy z mimiki, tonu głosu potrafisz rozpoznać ich nastrój?

– Czy jest ci przykro, gdy ktoś, kto jest dla ciebie ważny, cierpi? Czy potrafisz współodczuwać?

– Czy lubisz, gdy bliskie osoby są szczęśliwe, czy cieszy cię ich radość?

Obserwowanie bliskich osób, uczenie się ich wrażliwości, zdolność rozpoznawania ich emocji i umiejętność wczucia się w nastrój najbliższych to empatia – najważniejsza z cech odpowiedzialnych za budowanie bliskich relacji. To dzięki niej widzimy, że ktoś cierpi, nawet jeśli usilnie stara się to przed nami ukryć. To empatia pomaga nam zrozumieć, dlaczego naszym zdaniem błaha sytuacja kogoś stresuje, a na pozór niewinne słowa mogą zranić. Pomaga nam znaleźć słowa otuchy, gdy ktoś potrzebuje naszego wsparcia, mobilizuje do działania, gdy ukochana osoba czeka na naszą pomoc. Empatia to fundament naszej wrażliwości, dobroci, cierpliwości w relacjach rodzinnych. Dlatego warto ją pielęgnować, wzmacniać, kierować się nią w życiu codziennym. To najlepszy drogowskaz w gąszczu rodzinnych nastrojów! Dzięki empatii zaniechamy zemsty, gdy zranieni odgrażamy się: „To ja ci jeszcze pokażę, zobaczysz, jak to jest...”, potrafimy powiedzieć: „Przepraszam”, gdy czujemy, że komuś sprawiliśmy przykrość, pytamy: „Jak mogę ci pomóc?", gdy ktoś cierpi.

Pielęgnowanie empatii to proces poznawania siebie w relacjach, uczenia się swojej wrażliwości i wrażliwości bliskich nam ludzi. To budowanie w sobie uważności na świat, na inne osoby. Pojęcie uważności w psychologii relacji oznacza analizowanie siebie w konfrontacji z innym, analizowanie reakcji i uczuć bliskich osób, aktywne poszukiwanie odpowiedzi na pytania: dlaczego ktoś reaguje tak, a nie inaczej? Co czuje? Co nim kieruje? Uważność to bycie w głębokim i świadomym kontakcie ze swoimi uczuciami i chęć zrozumienia uczuć innych. Uważność na innych to ich analizowanie, życzliwe obserwowanie bez negatywnego, pochopnego oceniania. Uważność to refleksyjność, to umiejętność wyciągania wniosków, to ciekawość innych i ich zachowań. Bądź osobą uważną na otaczających cię ludzi! Bądź wrażliwym, otwartym i życzliwym człowiekiem, a twoje rodzinne nastroje będą przede wszystkim źródłem pozytywnej energii i siły witalnej. Będą stanowić dla ciebie wsparcie i motywację do działania!

Pomocne ćwiczenie:

Empatii można się uczyć. Podstawa to chęć zrozumienia emocji bliskich nam osób i pielęgnowanie w sobie wrażliwości na uczucia innych. Przypomnij sobie ważne i trudne sytuacje, gdy bliskie osoby zareagowały w emocjonalny sposób. Przeanalizuj te wspomnienia. Zastanów się nad tymi sytuacjami i wyciągnij wnioski: co możesz zrobić, aby nie sprawiać przykrości, wesprzeć, dodać otuchy twoim bliskim w trudnych dla nich sytuacjach? Co możesz zrobić, aby takich sytuacji unikać? Zadaj sobie pytania:

1. Jaka to była reakcja (co mówiły, jak się zachowywały)?

2. Co wtedy mogły czuć (jakie emocje)?

3. Dlaczego ta sytuacja była dla nich trudna (czy wiązała się z jakąś ważną sprawą, bolesnym wspomnieniem)?

4. Co można było zrobić, aby je wesprzeć (dać im poczucie zrozumienia, uspokoić napięcie, wyciszyć trudne emocje)?

Bliska osoba:	Sytuacja:	Reakcja:	Emocje:	Dlaczego była to trudna sytuacja?:	Wsparcie:
Przykład: Moja mama	Gdy spóźniliśmy się na obiad.	Nie odzywała się do nas, a jak zapytałam, co się stało, to zaczęła płakać i mówić, że „wszyscy ją lekceważą”.	Była smutna i rozgoryczona.	Mama dużą wagę przywiązuje do tego, aby szanowano jej pracę w domu i doceniano jej troskę o rodzinę.	Przeprosiłam ją, obiecałam, że postaramy się więcej nie spóźniać, i powiedziałam, że „bardzo doceniamy jej troskę o nas i to, że organizuje rodzinne spotkania”.

1.2.2. Umiejętność pozytywnego wykorzystania rodzinnego wsparcia

Gdy rozumiesz i znasz bliskie ci osoby, łatwiej jest je docenić i korzystać z ich wsparcia. Wtedy można budować swoje relacje rodzinne, opierając się na tym, co najlepszego wnoszą w nie członkowie rodziny. Samoświadomość w kontekście relacji z najbliższymi osobami i uwaga im poświęcona to gwarancje dbania o pozytywne rodzinne nastroje. Gdy przyjrzysz się swojemu funkcjonowaniu w relacjach z najbliższymi osobami i spróbujesz uczciwie ocenić swoje zachowanie, to wyciągniesz wnioski – z jakimi cechami mojego charakteru mogą mieć związek te sytuacje, które są szczególnie znaczące w rodzinnych relacjach? Z jakimi mają związek konflikty i nieporozumienia, a z jakimi dobre relacje, kompromisy, wzajemne wsparcie? Bo to, co tak cenne w systemie rodzinnym, to właśnie wzajemne wsparcie jego członków.

Pomagamy sobie w trudnych sytuacjach, wspieramy się, pocieszamy, dbamy o siebie nawzajem. W życiu w rodzinie bardzo ważna jest możliwość wzajemnej pomocy. Zachowania społeczne, inteligencja społeczna – to w dużej mierze instynkt, który podpowiada nam, że „w grupie jest bezpieczniej", a tą najbliższą nam grupą, społecznością jest rodzina. Dlatego, szczególnie w trudnych momentach, nawet jeśli nasze relacje nie są idealne, potrzebujemy bliskości ważnych dla nas osób. Człowiek bez rodziny, bez oparcia w bliskich osobach jest mniej odporny na stres, częściej odczuwa lęk i niepokój, gorzej radzi sobie z trudnymi sytuacjami. Tak się dzieje, ponieważ świadomość posiadania rodziny i możliwości skorzystania z jej wsparcia daje poczucie bezpieczeństwa. Wpływa również pozytywnie na samoocenę i jest źródłem energii potrzebnej do działania!

„Wiem, że mogę polegać na bliskich!" – taka myśl wielu osobom dodawała siły w trudnych sytuacjach, pomagała stawić czoła przeciwnościom losu, łagodziła niepokój i lęk, dawała nadzieję i wiarę!

„Czuję, że jestem komuś potrzebna / potrzebny!" – taka świadomość dla wielu osób jest sensem ich życia, daje energię i motywację do działania!

Pomocne ćwiczenie:

Pielęgnuj w sobie cechy charakteru, które czynią cię pomocnym. Pamiętaj o sytuacjach, w których służyłaś / służyłeś wsparciem bliskim ci osobom, i o tym, jak to jest ważne, gdy możemy pomóc komuś, kogo kochamy!

Odpowiedz na pytania:

1. Jakie pamiętam ważne, trudne sytuacje, w których dałam / dałem wsparcie, pomogłam / pomogłem bliskim mi osobom?

2. Co wtedy zrobiłam / zrobiłem (jak okazałam / okazałem wsparcie)?

3. Co wtedy czułam / czułem?

4. Jakie są moje cechy charakteru, które pozwalają mi być pomocnym, dawać wsparcie bliskim mi osobom?

Sytuacja:	Moje zachowanie:	Moje odczucia:	Moje pomocne cechy charakteru:
Przykład:			
Kłótnia siostry z przyjaciółką	Podpowiedzenie siostrze, jak może pogodzić się z przyjaciółką	Satysfakcja, poczucie bycia potrzebną	Empatia

Pielęgnuj wspomnienia sytuacji, gdy bliskie osoby dały ci wsparcie. Pamiętaj o tym, kiedy były pomocne, co wtedy zrobiły, co było dla ciebie ważne.

Odpowiedz na pytania:

1. Jakie pamiętam ważne, trudne sytuacje, w których dostałam / dostałem wsparcie od bliskich mi osób? Od kogo?

2. Co wtedy ta osoba zrobiła (jak okazała wsparcie)?

3. Co wtedy czułam / czułem?

4. Jakie jej cechy charakteru są szczególnie ważne, pomocne? Które z nich cenię i które sprawiają, że potrafi wspierać innych?

Bliska osoba:	Sytuacja:	Zachowanie bliskiej osoby:	Moje emocje:	Jej pomocne cechy charakteru:
Przykład:				
Przyjaciółka	Moja choroba (grypa)	Kupienie przez nią lekarstw i przywiezienie ich do mojego domu	Poczucie bezpieczeństwa	Troskliwość

1.2.3. Dbanie o najbliższe osoby

Możliwość dbania o bliskie osoby to dar, który czyni nasze życie pełniejszym, bardziej wartościowym, nadając mu nowy sens. Aby móc dawać innym, należy najpierw samemu zadbać o siebie, dlatego tak ważna jest samoświadomość, miłość do siebie i pozytywna energia. Wtedy tym, co mamy najlepszego do zaoferowania, możemy obdarzać innych. Gdy czujemy się potrzebni, gdy wspieramy bliskie nam osoby, doświadczamy tego, jaka siła drzemie w rodzinnych relacjach. Jesteśmy jak stado, które chroni siebie nawzajem, dając sobie poczucie bezpieczeństwa i wsparcie w ważnych momentach. Dając sobie nawzajem również wiele radości i przyjemności!

Bo dbanie o innych to ogromna przyjemność. Jeśli ją odczuwamy, to rozumiemy sens życia w rodzinie i potrafimy docenić to, co najbardziej wartościowe.

Przypomnij sobie sytuacje, gdy większą przyjemność sprawiło ci kupienie prezentu bliskiej osobie niż czegoś dla siebie. Czy pamiętasz, jak miłe jest wybieranie świątecznych upominków dla rodziny, jak czekasz na reakcję, gdy bliska ci osoba otwiera prezent od ciebie, i jak zastanawiasz się, czy będzie się jej podobał? Obdarowywanie bliskich to przejaw naszej troski i miłości. Tak między innymi wyrażamy swoje uczucia. I tak sprawiamy przyjemność, również sobie!

Dbanie o bliskie osoby to również nasza codzienna troska o nie, przejawiająca się w prozaicznych sytuacjach naszej codzienności. Bo dbanie o bliskie osoby wyraża się każdym gestem, nawet najdrobniejszym dowodem naszej troski i zainteresowania. Gdy dla kogoś przygotujemy posiłek, gdy zadbamy o to, aby było mu przyjemnie, gdy troszczymy się o czyjeś bezpieczeństwo, gdy martwimy się, kiedy widzimy, że się smuci – to również dbanie o bliską nam osobę.

Troska o bliskich to zwracanie uwagi na to, czy nie potrzebują naszej pomocy, wsparcia. To bycie przy nich wtedy, gdy jest im ciężko. To postawa: „Jestem z tobą, jestem przy tobie, gdy mnie potrzebujesz. Możesz na mnie liczyć. Możesz polegać na moim wsparciu i zaangażowaniu w twoje sprawy!".

Dbanie o innych to umiejętność mówienia ważnych słów:

– „Kocham cię..."

– „Jestem z ciebie dumna / dumny..."

– „Tęsknię za tobą..."

– „Zależy mi na tobie..."

Dbanie o innych to również zadawanie ważnych, trudnych pytań:

– „Czy coś cię martwi?”

– „Jak mogę ci pomóc?”

– „Czego potrzebujesz?”

– „Co jest dla ciebie ważne?”

Również pytań na pozór błahych:

– „Jak minął ci dzień?”

– „Na co masz dziś wieczorem ochotę?”

– „Co chcesz, abyśmy zrobili w weekend?”

Dbanie o innych to również umiejętność okazywania uczuć. Każdy czuły gest to przejaw troski o bliską osobę. Przytulenie, pogłaskanie, uśmiech – to niewerbalny komunikat mówiący o naszych uczuciach, bardzo ważny w budowaniu i pielęgnowaniu rodzinnych relacji.

Dbanie o bliskie osoby jest bardzo przyjemne. Nie sądzisz?

Pomocne ćwiczenie:

Pomyśl i przypomnij sobie sytuacje, w których doświadczyłaś / doświadczyłeś troski ze strony bliskiej ci osoby. Co bliska osoba zrobiła, jak o ciebie zadbała? Co to dla ciebie wtedy znaczyło? Na ile było przyjemne, pomocne? Jak się czułaś / czułeś, gdy ktoś bliski zadbał o ciebie? Wymień kilka z takich sytuacji.

Sytuacja, w której bliska osoba o mnie zadbała. Zachowanie tej osoby:	Sytuacja:
Czy było to dla mnie ważne, pomocne? Dlaczego?	
Co czułaś / czułeś, gdy bliska osoba zadbała o ciebie:	Moje emocje / odczucia:

Pomyśl i przypomnij sobie, w ilu sytuacjach ty zadbałaś / zadbałeś o bliską osobę? W jaki sposób? Wymień kilka z nich. Co to dla ciebie wtedy znaczyło? Na ile to było dla tej osoby pomocne? Jak się czułaś / czułeś, gdy o kogoś bliskiego zadbałaś / zadbałeś?

Sytuacja, w której zadbałam / zadbałem o bliską osobę. Co konkretnie zrobiłam / zrobiłem?	Sytuacja:
Czy było to dla niej ważne, przyjemne, pomocne? Dlaczego?	
Co czułam / czułem, troszcząc się o bliską osobę?	Moje odczucia:

1.3. Po trzecie: staraj się unikać konfliktów i nie zgadzaj się na agresję

Możemy wiele zrobić, aby nie eskalować konfliktów i unikać negatywnych emocji, możemy skutecznie przeciwdziałać przemocowym zachowaniom w naszej rodzinie! Pamiętajmy, że nic nie usprawiedliwia agresywnych zachowań. Mimo iż rodzinne nastroje to również trudne uczucia i czasem jest nam bardzo ciężko sobie z nimi poradzić, nie wolno dopuścić do agresji. Możemy sami wiele zrobić, aby jej uniknąć. Pomóc może:

1. Wyznaczanie granic najbliższym.

2. Postawa asertywna.

3. Dobra komunikacja.

4. Zrozumienie historii rodziny i genezy jej problemów.

5. Niezgoda na agresję.

6. W ostateczności odejście od tych, którzy nie potrafią przestać stosować przemocy w trudnych sytuacjach i przy trudnych emocjach.

1.3.1. Wyznaczanie granic

Wyznaczanie granic to konieczna profilaktyka wszelkich problemów, konfliktów, również zachowań przemocowych. To kochanie i rozumienie siebie, to szacunek do siebie i bliskich, z którymi chcemy znaleźć kompromis w trudnych sytuacjach. Umiejętność wyznaczania granic pomaga dbać o rodzinne relacje i unikać niepotrzebnych nieporozumień, pomaga nam i naszym najbliższym w radzeniu sobie z rodzinnymi nastrojami. Wyznaczanie granic to pierwszy krok, by uniknąć agresji. Dlatego warto uczyć się wyznaczania granic. Co to oznacza?

Nasza rodzina czasem próbuje wejść nam na głowę. Gdy mamy małe dzieci, wręcz dosłownie doświadczamy tego, jak zaborcze, roszczeniowe, wymagające i egoistyczne potrafią być najbliższe osoby. Rzadko jest to wyrachowany plan wykorzystania nas, nadużycia naszej dobrej woli czy sprawienia przykrości. Z reguły to po prostu przewaga własnych potrzeb nad rozumieniem uczuć i potrzeb drugiej osoby. Im ktoś mniej dojrzały (a to nie zawsze jest związane z wiekiem), im bardziej egocentryczny (egocentryzm to naturalna postawa w fazach rozwoju małego dziecka), bardziej zależny w swoim funkcjonowaniu od innych, tym większe ryzyko, że często i nie zawsze w uzasadnionych sytuacjach będzie wymagał szczególnej pomocy, uwagi, poczucia bycia najważniejszym. Są sytuacje, gdy w sposób naturalny odkładamy nasze sprawy na dalszy plan i koncentrujemy się na potrzebach bliskiej nam osoby. Tak jest, gdy zajmujemy się malutkim dzieckiem, i w momentach, gdy nasza dorastająca pociecha nas szczególnie potrzebuje. To uzasadniona postawa, gdy bliska nam osoba choruje czy ma inny poważny problem wymagający naszego zainteresowania. Wartością i siłą systemu rodzinnego jest wzajemne wsparcie. W sytuacjach, gdy ktoś, kogo kochamy, nas potrzebuje, tak jak wtedy, gdy my potrzebujemy pomocy, bycie dla kogoś oparciem, służenie pomocą to nie obowiązek, to naturalny odruch. Ale są sytuacje, gdy bliscy próbują nadużyć naszej chęci do udzielenia pomocy, gdy oczekują naszej uwagi i zaangażowania, przekonani, że ich sprawy są najważniejsze, nie zwracając uwagi na nasze uczucia i potrzeby. Gdy ktoś żąda, wymaga, oczekuje, wymusza pomoc i zainteresowanie, nie zwracając uwagi na uczucia drugiej osoby, gdy uważa, że jego sprawy, problemy są ważniejsze i to jemu się należy zainteresowanie i zaangażowanie w jego sprawy, wtedy, między innymi, mówimy o przekraczaniu granic.

Przekraczanie granic to również wtargnięcie w intymność, w świat i prywatność drugiej osoby w sytuacji, która tego nie uzasadnia, bez zgody tej osoby czy wbrew niej.

Przekraczanie granic może mieć różną postać. Wtrącanie się w prywatność i zadawanie pytań, które są nietaktowne i dotyczą intymnych tematów, na które nie chcemy rozmawiać, to przekraczanie granic. Może mieć miejsce w różnych sytuacjach.

Na przykład gdy partnerzy nie planują ślubu, z różnych powodów nie podejmują tej decyzji, a rodzina przy każdej okazji nie tylko pyta, ale wręcz naciska:

– „Czy ja dożyję twojego wesela synku?" – łamiącym się głosem pyta matka swojego syna, oczywiście w obecności jego partnerki, dodając: „W dzisiejszych czasach młodzi w ogóle nie liczą się z tradycją, a ja myślałam, że NASZEJ RODZINY to nie spotka!".

Kolejnym przykładem może być pytanie o dzieci, szczególnie gdy para stara się, by zajść w ciążę, i jest to dla niej trudny temat:

– „Kiedy w końcu zostaniemy dziadkami? Czy możecie pomyśleć o starych rodzicach i sprawić im w końcu radość? Wszyscy w waszym wieku są już dawno rodzicami!".

Przykłady takich pytań, które ranią, denerwują, dotyczą spraw, w które niekoniecznie ktoś ma prawo się tak wtrącać, można by mnożyć w nieskończoność. Czasem to kwestia braku taktu, czasem nieumiejętnie wyrażonej autentycznej troski i wsparcia, czasem zbytnia wścibskość, a także podejście: „Mama ma prawo". Dlatego nasza zdecydowana, ale spokojna i konsekwentna postawa to najlepszy sposób na wyznaczenie granic w takiej sytuacji:

– „Rozumiemy, że ta kwestia cię interesuje i wynika to z twojej troski, ale pozwól, że zachowamy tę decyzję dla siebie, i prosimy, aby nie zadawano nam więcej pytań na ten temat. Nie chcemy o tym rozmawiać i prosimy, abyście to uszanowali".

Wyznaczenie granic to krótki, spokojny, rzeczowy komunikat. Bez oskarżania, bez oceniania, z podkreśleniem, iż ufamy w dobre intencje drugiej osoby, ale mamy na daną kwestię inny pogląd, podjęliśmy własną decyzję i mamy prawo do naszego stanowiska, do własnych opinii i potrzeb, i będziemy je spokojnie egzekwować. Wyznaczanie granic to zachowanie asertywne, czyli nie agresywne. To uwzględnienie perspektywy bliskich osób, ich zdania na równi z naszymi potrzebami i naszym zdaniem. To dojrzała konfrontacja i decyzja pomagające uwzględnić to, na czym nam zależy i co jest ważne dla naszych bliskich w sytuacji, gdy oni próbują przedłożyć własne potrzeby nad nasze. Mamy prawo nie chcieć rozmawiać na jakiś trudny temat. Mamy prawo do własnych decyzji, poglądów. Stawianie granic to pozbawiona agresji forma obrony.

Kolejny przykład przekraczania granic to prośby, które nadużywają naszej chęci do pomocy i narażają nas na duży dyskomfort:

– „Moglibyście pożyczyć nam trochę pieniędzy? Chcemy skończyć remont, a wyszło więcej, niż zakładaliśmy. Chyba troszkę przesadziliśmy!",

– „Czy możecie również w ten weekend pomóc nam w pracach w ogrodzie?".

Bliskie osoby czasem, korzystając z pomocy rodziny, uznają, iż jest ona tak oczywista, że „nie ma wątpliwości, iż również i tym razem" w coś się włączymy, coś zrobimy, a to tak oczywiste być nie musi! Odróżnienie sytuacji, w których naprawdę ktoś nas potrzebuje i nasz udział, nasza pomoc są bardzo ważne, od tych, gdy komuś jest po prostu wygodnie nas wykorzystać, to nie lada sztuka. Sztuka wyznaczania granic w relacjach z rodziną. Dlatego tak ważne jest spokojne rozważenie problemu, rozmowa, zastanowienie się nad okolicznościami i podjęcie decyzji wspólnie z partnerem – pomagamy, bo naprawdę tego ktoś potrzebuje, czy spokojnie i taktownie odmawiamy?

Najważniejsze, aby w ważnych i trudnych konfrontacjach rodzinnych partnerzy się wspierali, rozmawiali ze sobą, liczyli się wzajemnie ze swoim zdaniem i razem podejmowali decyzje. Bo najczęściej problem dotyczy obojga partnerów! Jeśli mamy wspólne pieniądze to niezależnie od tego, czy o pożyczkę prosi moja, czy twoja siostra, to dotyczy naszego domowego budżetu. Jeśli razem mieszkamy, razem spędzamy czas, to zaangażowanie się w czasochłonną pomoc to również nasza wspólna decyzja. Wszystko, co dotyczy nas, naszego domu, naszej codzienności to wspólna odpowiedzialność! Najważniejsze, aby sytuację, gdy zastanawiamy się, czy zaangażować się, czy nie, postrzegać jako naszą wspólną sprawę i mówić: „wspólnie zastanówmy się i podejmijmy decyzję, czy...", tak aby była to wręcz okazja do zbliżenia się do siebie i poczucia jedności w związku. Pamiętajmy o tym, że trudne dylematy, decyzje zbliżają! Nic tak nie cementuje relacji jak wspólne dbanie o jej granice! Jeśli kolejna pożyczka pieniędzy jest według nas nadużyciem i nie dotyczy sprawy naprawdę ważnej (na przykład leczenia), to warto wspólnie podjąć decyzję i powiedzieć:

– „Rozumiemy, że potrzebujecie pożyczki, ale mamy swoje wydatki / nie mamy oszczędności i dlatego nie możemy wam pomóc".

„Nas dwoje", czyli nasz związek, to przestrzeń, która czasem wymaga ochrony, również przed tymi, którzy też są dla nas ważni i należą do naszej rodziny. Jeśli postrzegamy relację z partnerem jako nasz świat, naszą intymność, nasze życie w przestrzeni innych relacji, łatwiej będzie nam wspólnie ustalić i chronić jej granice. Dlatego tak ważne jest wspólne wypracowanie reguł obowiązujących w naszej relacji, tego, co jest dla nas ważne, ustalenie naszych wspólnych wartości, zwyczajów, z których nie powinniśmy rezygnować. Granice związku chronią to, co dla pary ważne, co stanowi jej świat, jej zasady i potrzeby. Uczmy naszych rodziców, teściów, rodzeństwo, partnerów naszego rodzeństwa, a przede wszystkim nasze dzieci tego, że nasz związek ma swoje zasady, że jesteśmy parą, która się szanuje, która wspólnie podejmuje decyzje, w której potrzeby i uczucia obojga są równie ważne.

Taka postawa to ochrona granic relacji i to ona daje możliwość uniknięcia sytuacji, w której konflikty czy rodzinne problemy oddalają od siebie partnerów.

– „Mamo, tato, pozwólcie, że najpierw porozmawiam ze swoją żoną. Jej zdanie jest równie ważne i bez poznania jej opinii nie podejmę teraz decyzji!”,

– „Proszę, dokończmy tę rozmowę w obecności mojej żony / mojego męża. Ona / on też powinna / powinien na ten temat się wypowiedzieć!”,

– „Proszę, abyście w ten sposób nie mówili o mojej partnerce / moim partnerze. Możecie nie zgadzać się z jej / jego zdaniem, ale oczekuję względem niej / niego szacunku!”

– to powinny usłyszeć bliskie nam osoby, gdy coś ważnego dzieje się w rodzinie i gdy z jakiegoś powodu zostaje z tej sytuacji wykluczona / wykluczony nasza partnerka / nasz partner.

Granice partnerskiej relacji to równowaga między ważnymi rolami, czyli rolą partnerki / partnera (żony / męża) a rolą córki / syna, siostry / brata, matki / ojca. Jeśli będziemy pamiętać, że nasz partner jest ważny, że jego potrzeby i uczucia są istotne, to w relacjach z pozostałymi członkami rodziny będziemy się z jego zdaniem i potrzebami liczyć – to jest właśnie chronienie granic relacji.

– „Nie mogę teraz podjąć decyzji i dać ci odpowiedzi. Pozwól, że porozmawiam o tym z żoną / mężem. To powinna być nasza wspólna decyzja!".

Taka postawa uczy naszą rodzinę tego, że liczymy się ze zdaniem naszego partnera i oni również powinni brać je pod uwagę.

Taką postawą uczymy szacunku dla naszego związku i konfrontujemy z koniecznością respektowania jego granic! To dotyczy również relacji z naszymi dziećmi. Powinny szanować to, że mama i tata wspólnie podejmują decyzje, powinny być nauczone, że zdanie obojga rodziców jest ważne. Granice relacji partnerskiej / małżeńskiej to w wychowywaniu dzieci jedna z priorytetowych kwestii. „Nas troje" to połączone przestrzenie „Nas dwojga" i „Nas trojga", które się wzajemnie uzupełniają, nigdy nie powinny się one wykluczać czy ograniczać. Szacunek dla obojga rodziców oraz ich wspólne ustalenia co do zasad panujących w domu, dotyczących wychowywania dzieci i podziału obowiązków, to również granice relacji, których wszyscy powinni przestrzegać. Jeśli rodzice potrzebują wieczorem spędzić trochę czasu tylko we dwoje, a umowa jest taka, że dzieci od którejś godziny są już w swoich pokojach i usypiają, to przestrzeganie tej zasady jest nie tylko rodzinną umową, elementem systemu wychowawczego, ale także przestrzeganiem granic relacji partnerów – wieczór, gdy dzieci powinny spać, jest nasz. Dlatego tak ważne jest to, aby oboje partnerzy o granice relacji dbali i byli konsekwentni w ich przestrzeganiu.

Dbanie o granice relacji to również dbanie o partnera i o intymność relacji. Czas tylko dla nas, na nasze przyjemności, okazywanie sobie czułości. Powinniśmy dbać o nasz związek także z powodu jego funkcji w systemie rodzinnych układów. Bo „Nas dwoje" to filar systemu „Nas troje"! Musi być mocny, stabilny. Musi być oparciem dla innych rodzinnych więzi! Powinien dawać nam siłę i poczucie bezpieczeństwa, szczęście i pozytywną energię!

Bez wyznaczania i chronienia granic związku nasza relacja z partnerem zejdzie na dalszy plan w natłoku codziennych spraw, problemów, oczekiwań innych bliskich osób, w konfrontacji z rodzinnymi konfliktami i nastrojami. Nie dbając o związek, zaczniemy się od siebie oddalać, stracimy to, co najcenniejsze – intymność, bliskość, wzajemne zrozumienie. Nasz system rodzinny zbudowany jest w oparciu o naszą partnerską relację, dlatego dbanie o nią to także dbanie o więzi z innymi bliskimi osobami. Szczęśliwi rodzice to szczęśliwe dzieci! Szczęśliwi partnerzy mogą być źródłem radości, wsparciem dla swoich rodziców, teściów! Mocna relacja partnerska jest warunkiem koniecznym mocnego i stabilnego systemu rodzinnego!

Pomocne ćwiczenie:

Porozmawiajcie o waszym związku, o waszej relacji. Zastanówcie się wspólnie nad waszymi zasadami i wartościami, nad tym, co jest dla was obojga ważne. Porozmawiajcie o swoich wzajemnych oczekiwaniach i potrzebach. Ustalcie granice waszego związku. Pomoże wam w tym wspólna odpowiedź na ważne pytania:

1. Najważniejsze w relacji, w związku jest dla mnie:

   ____

2. Od swojego partnera oczekuję:

   ____

3. Nigdy nie zgodzę się na to, aby mój partner:

   ____

4. Uważam, że partnerzy powinni dbać o:

   ____

5. Oczekuję, że bliskie nam osoby uszanują to, że my / że dla nas:

   ____

6. Ważne dla mnie zasady dotyczące związku to:

7. Według mnie wspólne pielęgnowanie relacji to:

8. Bliskie nam osoby, nasza rodzina powinny wiedzieć, że my:

1.3.2. Asertywność – czyli sposób na to, jak żyć w rodzinie i nie zwariować

Asertywność pomaga w wyznaczaniu granic, pomaga w uniknięciu eskalacji konfliktu, przeciwdziała agresji. Postawa asertywna to najlepsza reakcja na zachowania przemocowe. To styl funkcjonowania, który sprawia, że wyciszamy negatywne emocje, motywujemy siebie i bliskich do poszukania kompromisu i budujemy satysfakcjonujące i stabilne relacje, dające i nam, i bliskim osobom szczęście i satysfakcję. Osoba asertywna otwarcie i szczerze mówi o swoich potrzebach, oczekiwaniach, nie naruszając przy tym granic innych osób, czyli nie wymagając i nie oczekując bezwarunkowo spełniania swoich potrzeb. Postawa asertywna to spokojna, nieagresywna, stanowcza reakcja na zachowania przemocowe, to zaproszenie do dialogu, to poszanowanie zdania i potrzeb innych. To szacunek dla siebie i bliskich osób, niezależnie od tego, czy zgadzamy się z ich zdaniem, czy nie. Postawę asertywną w relacjach rodzinnych możemy opisać kilkoma hasłami, które z powodzeniem mogą być naszą życiową afirmacją:

– „Kocham siebie i kocham bliskie mi osoby",

– „Moje potrzeby są równie ważne, jak potrzeby mojej rodziny",

– „Potrafię dawać to, co mam najlepszego do zaoferowania bliskim, i potrafię przyjmować to, co bliskie osoby chcą mi dać",

– „Sprawia mi przyjemność opiekowanie się bliskimi i ich wspieranie, tak samo jak dbanie o siebie i wspieranie siebie",

– „Nie muszę się zawsze zgadzać i podzielać zdania bliskich mi osób, mogę z szacunkiem i zrozumieniem dla opinii innych pozostać przy swoim zdaniu",

– „Mam swoją intymną przestrzeń, z której nie muszę rezygnować",

– „Zdanie i potrzeby innych są równie ważne jak moje".

Postawa asertywna chroni zarówno nas, jak i bliskie nam osoby przed naruszaniem granic, przed przemocą, jest najlepszym sposobem na trudne, konfliktowe sytuacje. Pomaga wyciszyć emocje, minimalizuje ryzyko eskalacji konfliktu. Osoby asertywne są szanowane i lubiane przez innych, otoczenie liczy się z ich zdaniem i respektuje ich potrzeby. Wynika to z tego, że asertywne osoby szanują innych, nie są agresywne i potrafią zadbać o dobrą relację mimo różnicy zdań.

Osoby asertywne częściej osiągają sukces, potrafią dążyć do wytyczonego celu, ich działania są konsekwentne i cechują się wytrwałością. Tak się dzieje, ponieważ asertywność jest związana z pewnością siebie i przekonaniem: zasługuję na szczęście, na szacunek, wiem, czego chcę, i mam prawo do tego dążyć.

Pomocne ćwiczenie:

Postawa asertywna wyraża się w sposobie funkcjonowania, bycia, w codziennych relacjach z bliskimi osobami, w tym, jak traktujemy siebie samych i naszą rodzinę. Zastanów się, co dla ciebie osobiście oznacza bycie osobą asertywną i jak się taka postawa konkretnie przejawia w twoim życiu. Spróbuj ułożyć kilka własnych asertywnych afirmacji, takich, które są według ciebie szczególnie ważne i które najlepiej odzwierciedlają twoją postawę asertywną:

Moje asertywne afirmacje:

1.3.3. Dobra komunikacja w rodzinie

System rodzinny funkcjonuje prawidłowo między innymi dzięki dobrej komunikacji. Jest to warunek konieczny budowania stabilnych, głębokich relacji. Bez dobrej komunikacji trudno o wzajemne zrozumienie i wsparcie. Jej zasady to po prostu szczerość, otwartość z poszanowaniem granic i wzajemnym szacunkiem względem siebie. Mówienie o swoich oczekiwaniach, potrzebach, granicach w sposób asertywny, czyli respektujący zdanie i potrzeby drugiej osoby – to podstawa dobrej komunikacji. Czasem trudno o zrozumienie i cierpliwość, o jasne i spokojne sformułowanie swojej opinii i uszanowanie odmiennego zdania bliskiej osoby. Im ważniejsza sprawa, trudniejszy problem, tym większe ryzyko, że emocje wezmą górę i zamiast przekazać swoje oczekiwania i z uwagą wysłuchać drugiej osoby, agresywnie zaczniemy forsować swoje zdanie. W takiej sytuacji trudno osiągnąć kompromis, poszukać wspólnie najlepszego rozwiązania problemu, uniknąć eskalacji konfliktu.

Dobra komunikacja to uważne słuchanie, czyli umiejętność zrozumienia tego, co druga osoba chce nam przekazać. Nie zawsze potrafimy słuchać, często słyszymy to, co chcemy, przeinaczamy cudze słowa. Słuchamy nieuważnie, koncentrujemy się tylko na swoim zdaniu, własnych emocjach, z góry wiemy, co ktoś chce nam powiedzieć, albo uważamy, że wiemy, co ktoś tak naprawdę myśli, i to, co mówi, nie ma dla nas znaczenia.

Pomocne ćwiczenie:

W dobrej komunikacji bardzo ważna jest umiejętność uważnego słuchania i chęć zrozumienia tego, co ma do powiedzenia druga osoba. Aby ćwiczyć zasady dobrej komunikacji, należy uczyć się trudnej sztuki dystansu do swoich racji i wrażliwości na potrzeby i zdanie innych. Może pomóc w tym ćwiczenie zamiany ról, które polega na postawieniu się na miejscu drugiej osoby, czyli wyobrażeniu sobie, że jesteśmy kimś nam bliskim, kto ma na jakiś temat odmienną opinię. Oceniając z innej perspektywy jakąś sytuację, jakiś problem, możemy ćwiczyć empatię i uważne słuchanie, co pomaga we wzajemnym zrozumieniu i umożliwia wspólne rozwiązanie spornej kwestii.

Zastanów się nad jakimś problemem, sporną kwestią, która jest przyczyną nieporozumienia między tobą a bliską ci osobą. Wybierz temat, który jest dla was obojga ważny, taki, który wywołuje emocje i który nierozwiązany może być przyczyną poważnego konfliktu. Postaraj się popatrzeć na sytuację z perspektywy drugiej osoby, wczuć się w jej potrzeby i spróbować zrozumieć jej zdanie na dany temat. To tak, jakbyś na chwilę stała / stał się tą osobą. Napisz na kartce jej zdanie w danej kwestii i wymień wszystkie jej argumenty uzasadniające to stanowisko.

Trudna sytuacja / sporny temat / problem:	
Odmienne od mojego zdanie bliskiej mi osoby na dany temat:	
Argumenty bliskiej mi osoby uzasadniające jej stanowisko – jej racje i potrzeby związane z danym problemem:	

1.3.4. Poznanie rodzinnej historii

Jeśli chcesz zrozumieć bliskie ci osoby, a także siebie, swoje emocje, lęki, sposób, w jaki ty i twoi bliscy budują wzajemne relacje, postaraj się poznać i zrozumieć rodzinne historie.

Poznanie rodzinnej historii pomaga zrozumieć zachowanie bliskich osób, to, które rani i jest źródłem konfliktów. Traumy, lęki, niepokoje, smutki są przenoszone z pokolenia na pokolenie. Są jak samospełniająca się przepowiednia.

Rodzinne historie to przeszłość członków rodziny, ich doświadczenia i historia ich życia, wszystko to, co buduje i utrwala rodzinne schematy. Składają się one na przekonania i schematy, które wpływają na kolejne pokolenia i determinują dalsze rodzinne losy. Mogą być zarówno pozytywne, jak i negatywne.

Najczęstsze negatywne rodzinne schematy to:

- Okazywanie uczuć, emocji jest słabością;
- Wszystko zawsze należy robić idealnie;
- W życiu najważniejsze są pieniądze;

- Świat jest groźny i niebezpieczny;
- Na miłość należy zasłużyć;
- Bliskość i miłość ranią.

Przykłady pozytywnych schematów to:

- Warto wierzyć w siebie;
- Warto ufać innym;
- Jesteśmy kowalami własnego losu;
- Każdy zasługuje na szczęście i miłość;
- Nie ma ludzi idealnych, ale każdy ma jakiś talent, potencjał, który może rozwijać.

Negatywne schematy ograniczają, nie pozwalają żyć pełnią życia, utrudniają budowanie głębokich i stabilnych relacji, zaniżają samoocenę.

Pozytywne schematy motywują do działania, są źródłem dobrej energii, wiary w siebie i innych ludzi.

Każde doświadczenie, przełomowe i pozytywne, a także traumatyczne i negatywne, wpływa na budowanie rodzinnych przekazów i norm funkcjonujących w danym systemie. Przykładem rodzinnych schematów są często powtarzane przez bliskich stwierdzenia: „Ludziom nie należy ufać" albo „Wszyscy mężczyźni to duże dzieci" lub „Kobieta powinna zajmować się domem i rodziną". Stanowią one system: ocen, zaleceń, przestróg, nakazów; dekalog, zgodnie z którym rodzina postępuje, którym się kieruje w swoich decyzjach, poglądach i relacjach z innymi. Gdy głośno wypowiada się stwierdzenia, wpływające na postawy członków rodziny, łatwo wskazać istotne dla systemu schematy. Czasem jednak trzeba obserwować ważne sytuacje i decyzje oraz zachowania członków rodziny, aby poznać i zrozumieć ich normy i przekonania. Czasem warto pytać, dociekać rodzinnych historii i tajemnic, aby poznać kluczowe reguły, którymi kierują się bliskie osoby.

Są rodziny nieufne względem obcych, zamknięte w kręgu najbliższych i niechętnie lub ostrożnie budujące relacje z innymi. Są rodziny, w których dominuje atmosfera napięcia i niepokoju, a relacje z otaczającym światem są postrzegane jako pełne zagrożeń i niebezpieczeństw. Są takie, w których wzajemna rywalizacja utrudnia bliskość i budowanie więzi, opartej na zaufaniu i bezpieczeństwie. Są też takie, w których nie okazuje się uczuć, w których nie mówi się „kocham", „zależy mi na tobie". I takie, w których na miłość trzeba sobie zasłużyć. Takie postawy wynikają z historii tych rodzin. Z krzywd, których rodzina w przeszłości doznała, z lęku, smutku, którego doświadczyła. I mimo że minęły już trudne czasy, będące źródłem traumy, to zostały zarówno negatywne emocje, jak i sposoby obrony, które teraz krzywdzą i ograniczają kolejne pokolenia.

Dzieci wychowywane w rodzinach z takim negatywnym przekazem, kiedy wchodzą w dorosłość, nawiązują relacje z innymi, opierając się na takim samym schemacie, i tak samo wychowują swoje dzieci. W ten sposób przekazują negatywny schemat kolejnym pokoleniom. Dlatego ważne jest to, aby poznać historie bliskich, losy dziadków, pradziadków, doświadczenia rodziców i ich wpływ na system przekonań w danej rodzinie, który determinuje jej funkcjonowanie. Wtedy można zmienić to, co jest źródłem rodzinnych trudności, co sprawia przykrość, a często także przynosi cierpienie. Można przerwać ten błędny krąg negatywnego przekazu. Aby to zrobić, najpierw należy zrozumieć, co wpływa najbardziej szkodliwie na rodzinę i odpowiada za jej problemy.

Aby znaleźć ten schemat, potrzeba uwagi i dociekliwości. Czasem wystarczy tylko usłyszeć te kategoryczne stwierdzenia, często brzmiące jak jedenaste przykazanie. Czasem wystarczy wnikliwie obserwować sytuacje, w których możemy je dostrzec. Trzeba uważnie słuchać tych stwierdzeń, które brzmią: „W naszej rodzinie nigdy...", „My zawsze...". Jeśli nawet nie zostały wypowiedziane głośno, to widać je w zachowaniu, emocjach, postawach i schematach rodzinnych przekazywanych z pokolenia na pokolenie. Są jak zalecenia i przestrogi dla następnych pokoleń. Aby poznać i zrozumieć te schematy, można wprost pytać bliskich o ważne dla nich i ich rodziny wartości i reguły, których warto w życiu przestrzegać. Można rozmawiać o ważnych rodzinnych historiach, legendach, o wydarzeniach, z których rodzina jest dumna, albo o trudnych doświadczeniach. Jeśli przyjrzymy się z uwagą temu, jak dany system funkcjonuje, to dostrzeżemy pewne prawidłowości.

– *Wszystkie kobiety w mojej rodzinie są samodzielne i doskonale radzą sobie bez mężczyzny* – powiedziała na pierwszym spotkaniu Anna, która przyszła do mnie po poradę w kwestii swojego rozwodu. Rozstawała się z drugim mężem i chciała, „żeby tym razem był to proces mniej bolesny i bardziej dojrzały".

– *Rozumiem, że zależy ci na tym, aby rozstać się, jak najmniej raniąc swojego byłego partnera, i w sposób, który pomoże wam zachować dobre wspomnienia i wybaczyć to, co was nawzajem zraniło?*

– *Dokładnie tak.*

– W takim razie ważne jest zrozumienie przyczyn, które sprawiły, że wasze uczucie wygasło, i tego, co spowodowało kryzys.

– Ja to wiem. Wszyscy mężczyźni to duże dzieci, a ja nie mam cierpliwości być opiekunką dla swojego partnera!

– Skąd u ciebie takie przekonanie, że „wszyscy mężczyźni są niedojrzali"?

– A tak nie jest? Mój dziadek, romantyk i patriota, zostawił swoją rodzinę, poszedł walczyć za kraj i nigdy nie wrócił. Moja babcia musiała sama podczas wojny sobie radzić i wychowywać czworo dzieci. Doskonale jej się to udało, ale wiem od niej samej, że było jej bardzo ciężko i nie była szczęśliwa. Mój ojciec, artysta, wiecznie nieobecny i pochłonięty swoją pracą i twórczością, zostawił mamę z całym bagażem codziennych obowiązków. A gdy zaczęła mieć tego dość, odszedł, twierdząc, że go ogranicza. Oczywiście dała sobie radę sama, ale pamiętam, jak często była smutna. W mojej rodzinie to kobiety były silne, a na mężczyzn nigdy nie mogły liczyć!

– Silne kobiety i nieodpowiedzialni mężczyźni. To taki twój rodzinny schemat, taka zasada, która się powtarza?

– Dokładnie tak.

– Ale też kobiety nieszczęśliwe, smutne? Zastanawiam się, jaki wpływ na twoje życie ma ta zasada?

– To chyba oczywiste. Jesteśmy skazane na nieodpowiedzialnych facetów i ja na takich też trafiam! Ale dość tego! Wolę być sama, niż związać się z kimś takim jak mój dziadek i ojciec!

– Rozumiem, że nie chcesz powielać tego rodzinnego schematu?

– Dokładnie!

– Z tego, co mi o swojej rodzinie opowiedziałaś, rozumiem, że twoja babcia i twoja mama zostały same i same wychowywały dzieci. Zastanawiam się, czy twoja decyzja, że wolisz być sama, nie jest powielaniem kolejnego rodzinnego schematu – kobiety samej, bez partnera?

– Nie myślałam o tym w ten sposób...

– Zastanówmy się wspólnie, jakie są w twojej rodzinie przekonania, które mogą mieć wpływ na ciebie, na twoje lęki, niepokoje, na twoje decyzje. Zastanowimy się, z którymi się zgadzasz, a których nie chcesz powielać, i porozmawiamy o tym, jak ten zły los odczarować. Co faktycznie pozwoli ci inaczej, niż to zrobiła twoja babcia i twoja mama, pokierować swoim życiem, co pomoże ci być spełnioną i szczęśliwą, również w związku.

Negatywne schematy rodzinne przeszkadzają nam być szczęśliwymi, utrudniają spełnienie i rozwój, ten osobisty i ten związany z relacjami z innymi. Pozytywne – motywują do szukania szczęścia, dają do niego prawo i nadzieję, że jest to możliwe. Utwierdzają nas w przekonaniu, że zasługujemy na szczęście.

Gdy już poznamy panujące w rodzinie reguły i przekonania i zastanowimy się nad ich wpływem na własne życie i życie bliskich, warto zadać sobie wtedy pytania:

– *Czy zgadzam się z tym stwierdzeniem, z tą zasadą?*

– *Czy chcę się tym przekonaniem kierować w życiu?*

– *Jaki wpływ na moje decyzje, na moje emocje i moją życiową postawę mają nasze rodzinne przekonania?*

– *Jakie przekonanie, jaka zasada byłyby bardziej pozytywne, bardziej motywujące do konstruktywnego działania? Jaka reguła miałaby bardziej pozytywny wpływ na moje emocje i moje decyzje?*

Gdy znajdziemy negatywny rodzinny schemat i zrozumiemy jego wpływ na nasze życie, kolejny krok to sformułowanie własnego pozytywnego przekonania. Znając rodzinne schematy i rozumiejąc zachowanie członków rodziny oraz własne, z tych schematów wynikające, można zawsze zmienić je na bardziej pozytywne i motywujące! Wystarczy zadać sobie pytanie:

– Czego chcę, czego pragnę? Jaka zasada, jaka reguła pomoże mi osiągnąć ten cel? Co będzie pozytywnie motywowało mnie do działania? Co będzie mi dawało pozytywną energię i pomoże mi w podejmowaniu dobrych decyzji?

Przykład:

Zamiast przyjmować zasadę: „Nikomu nie wolno ufać", można powiedzieć: „Warto w życiu być ostrożnym, ale jednocześnie trzeba dawać innym szansę i ufać tym, którzy nas nie zawiedli".

Przykładem pozytywnego przekonania, motywującego do konstruktywnego działania i pomagającego w budowaniu relacji, może być zasada, którą od czasu terapii Anna zaczęła kierować się w swoim życiu. Brzmi ona: „Jestem samodzielną i silną kobietą, która potrzebuje silnego i dojrzałego mężczyzny, partnerskiego związku, w którym i ja, i mój partner będziemy spełnieni i szczęśliwi. Wierzę, że jest to możliwe!".

Inne przykłady pozytywnych, motywujących zasad to:

– „Warto realizować zamierzone cele i wierzyć w swój potencjał",

– „Od nas w dużej mierze zależy nasze szczęście i to, jak budujemy relacje z najbliższymi osobami",

– „Życie daje nam wiele okazji i możliwości, które warto wykorzystać”,

– „Szczęście sprzyja ludziom pracowitym”.

Identyfikowanie negatywnych schematów i przeformułowywanie ich na pozytywne nie jest trudne. Spróbuj! Naprawdę warto! Przecież chcesz być radosnym człowiekiem, który zarówno sobie, jak i bliskim potrafi dać szczęście. Prawda?

Pomocne ćwiczenie:

I. Zastanów się nad schematami, które mogą funkcjonować w twojej rodzinie, którymi kierują się twoi bliscy. Pomoże ci w tym kilka pytań:

1. Czy w twojej rodzinie jakaś sytuacja się powtarza? Czy istnieje jakiś problem, który ma więcej niż jedna osoba?

2. Czy w twojej rodzinie jakieś stwierdzenie jest często powtarzane, przytaczane i powołują się na nie twoi bliscy?

3. Czy znasz jakąś rodzinną historię, która miała i ma wpływ na ciebie i twoich bliskich?

4. Jakie zasady, jakie przekonania są dla twojej rodziny ważne, jakimi regułami kierują się twoi bliscy?

5. Jakie emocje i jaki nastrój kojarzy ci się z twoją rodziną i z bliskimi ci osobami?

6. Jaka atmosfera panuje w twojej rodzinie, czyli jakie emocje i jaki nastrój dominują w twoich rodzinnych relacjach?

7. Jakie przekonania i zasady mają wpływ na atmosferę panującą w twojej rodzinie?

II. Jeśli udało ci się określić panujące w rodzinie zasady, spróbuj ocenić, na ile się z nimi zgadzasz, i wskazać te, którymi chcesz kierować się w życiu.

III. Jeśli istnieją zasady, z którymi się nie zgadzasz, którymi nie chcesz się kierować, spróbuj sformułować własne reguły, które mogą cię pozytywnie motywować do rozwoju, dawać ci energię do codziennego funkcjonowania, pomagać w osiągnięciu wyznaczonych celów, poprawiać nastrój i wywoływać pozytywne emocje. Dla podpowiedzi zdradzę jedną ze swoich zasad, którą sama sformułowałam. Nie funkcjonowała ona w mojej rodzinie, ale mam nadzieję, iż przekażę ją swojemu synkowi i będzie to również jego życiowa zasada; brzmi ona:

– „Chcesz być szczęśliwym człowiekiem? To po prostu nim bądź! Ciesz się tym, co masz, i tym, że możesz jeszcze wiele osiągnąć”.

1.3.5. Stop agresji

Złość, gniew, żal, frustracja mogą pojawić się w spornych, konfliktowych sytuacjach. To naturalne, że odczuwamy również te emocje, ale to, jak postępujemy, to jak się zachowujemy i jak potrafimy sobie z nimi poradzić, jest miarą naszej dojrzałości i wynikiem pracy nad sobą. Nic nie usprawiedliwia zachowań agresywnych. Nasza samoświadomość, równowaga, umiejętność bycia krytycznymi względem siebie pomagają w radzeniu sobie w takich momentach i uniknięciu przemocy, zarówno tej psychicznej, jak i tej fizycznej. Wyznaczanie granic, asertywność, dobra komunikacja, rozumienie przyczyn rodzinnych problemów to sposoby na uniknięcie rodzinnej przemocy.

Emocje niosą za sobą energię. Trudne uczucia to energia, którą trzeba rozładować, ale w sposób konstruktywny, bezpieczny, niekrzywdzący nikogo. To trudne. Nikt tak nie potrafi zdenerwować, zirytować i rozzłościć jak najbliższe nam osoby. Wtedy trudno powstrzymać się od krzyku, raniących słów. Czasem łatwo przekraczamy granice i zaczynamy zachowywać się agresywnie. Bo agresja to nie tylko przemoc fizyczna, to również podniesiony ton głosu, uszczypliwa uwaga, krzywdząca ocena, złośliwość. Potrafimy być zaskakująco okrutni w stosunku do najbliższych nam osób. Zbyt łatwo wypowiadamy w złości słowa:

„Nienawidzę cię!”,

– „Mam ciebie dosyć!”,

– „Wynoś się!”,

– „Do niczego się nie nadajesz!”.

Potem żałujemy, przepraszamy, mówimy:

– „Tak naprawdę tak nie myślę, powiedziałam / powiedziałem to w złości”.

To prawda, tak naprawdę tak nie myślimy: te słowa padają, ponieważ nie potrafimy inaczej poradzić sobie z napięciem spowodowanym przez trudne emocje. To najłatwiejszy sposób jego rozładowania, ale też najgorszy. Raz wypowiedzianych słów nie można cofnąć. Zostają w pamięci, ranią, oddalają od siebie najbliższe osoby. Są tak zwanymi zachowaniami przemocowymi, tak samo jak popychanie, szturchanie czy inne agresywne czyny.

W relacjach rodzinnych nie ma miejsca na przemoc pod żadną postacią. To zasada, której należy bezwzględnie przestrzegać. Nie zgadzaj się na przemoc w stosunku do ciebie. Gdy ktoś cię rani, mów:

– „Twoje słowa sprawiają mi przykrość. Nie zgadzam się na to, abyś tak się w stosunku do mnie zachowywała / zachowywał!”.

Wyznaczaj granice, mów otwarcie o tym, na co się nie zgadzasz! Szanuj i kochaj siebie i nie pozwalaj na to, aby ktokolwiek zachowywał się w stosunku do ciebie agresywnie. Na zachowanie agresywne, przemocowe reaguj asertywnie. Postawa asertywna to spokojna i stanowcza reakcja. To komunikat:

– „Nie zgadzam się, abyś w ten sposób mnie traktowała / traktował. Oczekuję, że zmienisz swoje zachowanie".

W trudnych sytuacjach możemy reagować na trzy sposoby: bierny, asertywny i agresywny.

Postawa bierna to zgoda na to, co nas spotyka, na to, jak ktoś nas traktuje, mimo iż jest to zachowanie przemocowe. Najczęściej objawia się po prostu brakiem reakcji z naszej strony. Nie protestujemy, nie mówimy o tym, co czujemy, nie dopominamy się zmiany niewłaściwego zachowania. Postawa bierna jest przyzwoleniem na zachowanie drugiej osoby, często utwierdza ją w słuszności jej postępowania. Postawa bierna czyni z nas ofiarę.

Postawa agresywna to podyktowana złością i gniewem reakcja na trudną sytuację. Zachowujemy się wtedy w sposób, w jaki nie chcemy, aby inni nas traktowali. Poddajemy się negatywnej energii i odpowiadamy agresją na agresję. Najczęściej przejawia się ona krzykiem, podniesionym tonem głosu, raniącymi słowami czy innymi przejawami agresji.

Przyczynia się do eskalacji konfliktu i utrudnia znalezienie kompromisu.

Obserwuj siebie, czy nie zachowujesz się agresywnie w stosunku do bliskich osób.

Zastanów się i szczerze odpowiedz na pytania:

1. Czy gdy się złościsz, to krzyczysz?
2. Czy zdarza ci się zachować złośliwie i sprawiać innym przykrość?
3. Czy zdarza ci się grozić, straszyć, szantażować?
4. Czy zdarza ci się trzaskać drzwiami, rzucać przedmiotami w złości?
5. Czy zdarzyło ci się w złości kogoś szarpnąć, szturchnąć czy w jakikolwiek inny sposób zachowaniem okazać swoją złość?

Jeśli tak, to znaczy, że i ty czasem zachowujesz się agresywnie. Postaraj się nad tym popracować i zmienić te zachowania, które mogą być źródłem przemocy w twojej rodzinie!

Pamiętaj: Nigdy nie zachowuj się agresywnie i nie zgadzaj się na agresję innych!

Pomocne ćwiczenie:

Gdy bliska ci osoba zachowuje się w stosunku do ciebie agresywnie, od razu reaguj! Zaprotestuj i wyznacz granice! Aby to zrobić, musisz najpierw rozpoznać przemocowe zachowanie, a potem asertywnie na nie zareagować. Rozpoznanie zachowania jako agresywnego i niezgoda na nie to podstawa asertywnej reakcji, która jest stanowczą deklaracją niezgody na przemoc. Przeanalizuj sytuację, która jest przykładem przemocowego zachowania, zastanów się nad swoimi emocjami i odczuciami. Przede wszystkim przeanalizuj swoje zachowanie będące odpowiedzią na tę sytuację i oceń, na ile było ono asertywne.

Krok 1:
Sytuacja, w której bliska osoba zachowała się przemocowo (agresywnie):

Krótko opisz trudną sytuację:	

Krok 2:
Ocena zachowania bliskiej osoby:

Krótko opisz zachowanie bliskiej osoby:	

Krok 3:
Ocena własnych emocji:

Krótko opisz, jak się czułaś / czułeś, gdy bliska osoba zachowała się w agresywny sposób (twoje emocje):	

Krok 4:
Analiza postawy / zachowania będącego reakcją na sytuację:

Krótko opisz, jak się zachowałaś / zachowałeś, gdy bliska osoba była w stosunku do ciebie agresywna:	
Oceń swoją reakcję na skali asertywności: 0 – postawa bierna 3 – postawa asertywna 6 – postawa agresywna	0-----1-----2-----**3**-----4-----5-----6

Ściągawka:

Przemocowe zachowania to między innymi:

Przemoc fizyczna:
– bicie, szturchanie, szarpanie, popychanie, szczypanie; każde zachowanie sprawiające ból drugiej osobie, naruszające jej cielesność, wywołujące strach czy upokorzenie dyktowane złością, chęcią zemsty, mające na celu rozładowanie napięcia psychofizycznego sprawcy przemocy i bezpośrednie wyładowanie się na ofierze przemocy.

Przemoc psychiczna:
– obrażanie, szydzenie, szantażowanie, straszenie, kpienie, umniejszanie czyjejś wartości i godności, wyśmiewanie, zawstydzanie, upokarzanie; każda postawa i zachowanie wywołujące przykre i trudne emocje dyktowane złością, chęcią zemsty, mające na celu rozładowanie napięcia psychofizycznego sprawcy przemocy i bezpośrednie wyładowanie się na ofierze przemocy.

Przemoc werbalna:
– krzyczenie, wypowiadanie obraźliwych, wulgarnych słów, wyzywanie, oskarżanie, przezywanie; każda wypowiedź i słowa wywołujące przykre i trudne emocje dyktowane złością, chęcią zemsty, mające na celu rozładowanie napięcia psychofizycznego sprawcy przemocy i bezpośrednie wyładowanie się na ofierze przemocy.

1.3.6. Trudne decyzje, czyli obrona konieczna

Nie wszystko zależy tylko od nas. Możemy wyznaczać granice, być asertywni, dbać o dobrą komunikację, znać i zrozumieć rodzinną historię, nie godzić się na agresję, a mimo to doświadczać przemocowych zachowań ze strony bliskich osób.

Gdy bliskie osoby nas krzywdzą i mimo rozmów, próśb i tłumaczeń nie chcą lub nie potrafią zmienić swojego zachowania, mamy prawo do obrony! Gdy mimo pracy nad sobą za wybaczeniem nie idzie poprawa relacji z tymi, którzy nas skrzywdzili, mamy prawo do obrony.

Nie wszystkie relacje można uzdrowić. Wyleczyć można własną duszę, uzdrowić własne emocje, ale do pracy nad relacją potrzebne jest zaangażowanie obojga partnerów. A są problemy, które, nierozwiązane, latami zatruwają, jak sącząca się trucizna. Są relacje, w których krzywdzący nie ma odwagi przyznać się do błędów, brak mu samoświadomości, która umożliwi uczciwą ocenę siebie i swojego zachowania. Jeśli ktoś sprawia, że cierpisz, i trwa to długo, na tyle długo, że nie masz już siły dalej znosić trudnej sytuacji, masz prawo do obrony! Jeśli osoba, która cię krzywdzi, nie chce się zmienić i pracować nad sobą, masz prawo do obrony.

Obrona w relacjach rodzinnych nie oznacza ataku, oznacza chronienie siebie. W imię zasady: „nie zgadzam się na przemoc", w imię prawa do szczęścia i godności możesz się bronić. Obrona nie oznacza zachowania agresywnego. Nie chodzi o krzyk, szantaż, wzbudzanie poczucia winy, bo takie zachowania tylko eskalują konflikt. Są one przemocowe i wynikają z lęku i bezradności. A ty nie musisz się bać, nie jesteś bezradną osobą, która musi biernie znosić krzywdy. Nie jesteś też niedojrzała / niedojrzały i pełna / pełny złości. Nie musisz atakować. Potrafisz kontrolować swoje zachowanie i rozumiesz swoje emocje i ich źródło. Prawda?

W rozpoznaniu tego, co czujemy, i dlaczego, w rozpoznaniu tego, co możemy dla siebie zrobić, aby poczuć się lepiej, pomaga rozumienie siebie, kochanie siebie i umiejętność samokontroli. Dzięki temu potrafimy spokojnie wyrazić to, co czujemy, potrafimy również bronić siebie, czyli wyznaczyć granice, a jeśli ktoś je w dalszym ciągu przekracza, mamy prawo do trudnej, ale czasem koniecznej decyzji, czyli do odejścia. Pod pojęciem „odejścia" rozumiemy dosłowne zerwanie kontaktu lub symboliczne wycofanie się z relacji i ograniczenie jej do koniecznych ze względu na charakter więzi kontaktów. Odejść możemy, unikając kontaktu z kimś, zrywając go, przestając się komuś zwierzać i mówić o sprawach dla nas ważnych. Odchodzimy, gdy przestajemy komuś ufać, gdy jego obecność przestaje sprawiać nam radość i zaczynamy go unikać. Odchodzimy, gdy wyciszamy emocje i stajemy się obojętni wobec kogoś, kto do tej pory potrafił wzbudzać nasze silne uczucie. Odejście to dystans, który pomaga nam chronić się przed trudnymi relacjami.

Odejście jest ostatecznym rozwiązaniem i warto wcześniej spróbować zrozumieć problem i wspólnie poszukać jego rozwiązania. Taka rozmowa jest bardzo trudna, wymaga opanowania i unikania raniących słów i wzajemnych oskarżeń. Ale warto podjąć wyzwanie. Zanim kogoś opuścimy, ważne jest, abyśmy podjęli wszystkie możliwe próby ocalenia relacji. Tak abyśmy mogli sami sobie powiedzieć: „Zrobiłam / zrobiłem wszystko, co mogłam / mogłem". To bardzo ważna świadomość, która pomoże nam poradzić sobie z trudnym rozstaniem. Bo odejście od kogoś bliskiego zawsze jest trudne, nawet jeśli była to dojrzała, przemyślana decyzja poprzedzona licznymi próbami porozumienia. Są jednak sytuacje, gdy takie rozwiązanie jest konieczne. Tak jest w relacjach przemocowych, gdy ktoś rani nas nie tylko fizycznie, ale również psychicznie. Tak jest, gdy ktoś bliski nas wykorzystuje czy w jakikolwiek inny sposób sprawia, że cierpimy. Mamy prawo do obrony siebie, tak samo jakbyśmy bronili kogoś, kogo kochamy! A przecież kochamy siebie!

Pamiętam wielu swoich Pacjentów, którzy cierpieli przez bliskie osoby. Dzieci, które latami znosiły surową krytykę i zbyt wysokie wymagania swoich rodziców. Pamiętam osoby, które starały się sprostać dużym oczekiwaniom bliskich, wymagając przy tym od siebie zbyt wiele. Pamiętam tych, którzy wiele ofiarowali, a w zamian byli krytykowani i spotykali się z coraz większymi oczekiwaniami. Chociaż byli na każde zawołanie, sami nigdy nie mogli liczyć na wsparcie. Pamiętam Pacjentów, którzy próbowali spełnić oczekiwania i robili to, czego od nich wymagano, zatracając przy tym siebie i poczucie własnej wartości. Każda z tych osób uczyła się, jak obronić siebie, a ja im w tej nauce towarzyszyłam! Toksyczne relacje to najtrudniejsze doświadczenie w naszym życiu. Najważniejsze jest to, że zawsze możemy z takiej relacji się „wyleczyć". To trudny proces, który wymaga odwagi i wiary w siebie, przede wszystkim zaś dania sobie samemu prawa do szczęścia!

W rodzinnych relacjach nie może być ani przemocy, ani jakiejkolwiek formy wykorzystywania drugiej osoby, ograniczania czyjejś indywidualności i wolności. Jeśli tak się dzieje, mamy prawo odejść, aby żyć w zgodzie z sobą samym!

Pomocne ćwiczenie:

Zastanów się, co można zrobić, aby uniknąć sytuacji, w której ostatnim i jedynym sposobem na ochronę siebie będzie odejście. Co byś doradziła / doradził komuś, kto chce zerwać kontakt z bliską osobą? Co można twoim zdaniem zrobić, aby dać szansę komuś bliskiemu, kto nas skrzywdził? Jak można spróbować naprawić relację?

Moim zdaniem, zanim podejmiemy decyzję o odejściu, warto:	1. 2. 3.

1.4. Chroń siebie i bliskich przed konsekwencjami życia w toksycznej rodzinie

Warto zrobić wszystko, aby „uleczyć" siebie oraz pomóc „wyzdrowieć" bliskim i oczyścić rodzinę z toksycznych zachowań! Jeśli jest to niemożliwe, to warto chronić siebie i swojego partnera, swoje dzieci przed skutkami rodzinnej traumy, która jest przenoszona z pokolenia na pokolenie. Bo życie w „chorej rodzinie" to cierpienie! Jeśli zrobiliśmy wszystko, aby sobie i najbliższym pomóc, a mimo to w rodzinie cały czas funkcjonują negatywne wzorce, lepiej odejść, niż powielać te schematy.

Trudno być szczęśliwym, spokojnym, spełnionym, jeśli bagaż, z jakim wchodzimy w dorosłość, to negatywne wzorce zachowań. Składają się na niego nasze złe doświadczenia z dzieciństwa, które ograniczają nasz rozwój i utrudniają nie tylko kontakt z innymi, ale również kontakt z samym sobą! Wtedy jesteśmy „nieszczęśliwymi dorosłymi dziećmi". Dziećmi, które wychowały się w rodzinach, gdzie zasady, przekonania, sposób funkcjonowania i budowania relacji były toksyczne, krzywdzące, gdzie negatywne schematy bezpośrednio wpłynęły na rozwój emocjonalny dziecka.

Bardzo trudne jest życie „nieszczęśliwego dorosłego dziecka". Dorosłość powinna charakteryzować dojrzałość, a trudno być dojrzałym, gdy targają nami emocje wynikające z nieprzepracowanych doświadczeń z dzieciństwa. A nasz sposób radzenia sobie z nimi jest często bardzo niedojrzały, czyli dziecięcy. Znam wiele rozgoryczonych, przestraszonych i rozzłoszczonych dużych dzieci. Takim osobom trudno jest ułożyć sobie relacje z ich rodzicami, trudno jest im funkcjonować w rodzinie, bo to najbliżsi ich zranili, zawiedli i to od najbliższych doznali cierpienia.

Krzywdzone dziecko nie potrafi się bronić, jest przecież zupełnie zależne od dorosłych. Może tylko w niedojrzały, dziecięcy sposób radzić sobie z trudnymi emocjami. I wtedy albo się złości, albo smuci i zamyka w sobie. Złoszcząc się, jest agresywne albo autoagresywne. Smucąc się, ucieka w swój wyimaginowany świat, odcinając się od rzeczywistości, od innych ludzi, wybiera świat fantazji. Takie sposoby radzenia sobie z cierpieniem mogą towarzyszyć nam przez całe życie, możemy jako dorośli w takim wypracowanym w dzieciństwie schemacie funkcjonować dalej i tak bronić się przed tym, aby nikt nas więcej nie zranił. Nie chcemy cierpieć, a relacje z bliskimi osobami kojarzą się nam z cierpieniem. I aby uchronić się przed ranieniem, atakujemy innych, aby rozładować napięcie, kierujemy agresję na siebie lub zamykamy się w sobie, pielęgnując nieufność i smutek, które z czasem zaczynają być jedynymi znanymi nam uczuciami. Jeśli nie przepracujemy trudnych doświadczeń, które są źródłem takiego zachowania, nie mamy szans na zbudowanie jakiejkolwiek stabilnej, dojrzałej, szczęśliwej relacji, ponieważ nie mamy jej z sobą samym. Również nasz kontakt z rodzicami, którzy, często nieświadomie i nie ze złej woli, nas skrzywdzili, jest bardzo trudny. Ponieważ to oni byli źródłem naszego cierpienia, reagujemy na nich złością, czujemy w stosunku do nich żal, czasem nienawiść. Ciężko jest żyć z takim stosunkiem do własnych rodziców, więc towarzyszy nam poczucie winy i złość na samych siebie, nie wiemy, co zrobić z tymi trudnymi emocjami. „Nieszczęśliwe dorosłe dzieci" radzą sobie, jak mogą. W swoim dojrzałym życiu czasem próbują zapomnieć, wyprzeć lub odwrotnie – dają upust złości i smutkowi, a obie te skrajne postawy negatywnie wpływają na ich funkcjonowanie w każdej sferze życia. „Nieszczęśliwym dorosłym dzieciom" może być ciężko zbudować i pielęgnować związek, mogą mieć trudność z zaufaniem w stosunku do innych, mogą mieć zaniżoną samoocenę, gorszy nastrój, często doświadczają wielu lęków i porażek w relacjach z innymi. Są słabym ogniwem systemu rodzinnego, często, kiedyś same skrzywdzone, teraz krzywdzą innych. Zarażają swoim smutkiem, wyładowują swoją złość, traktują świat wrogo i nie kochając samych siebie, trudno jest im dojrzale pokochać innych. Takie osoby potrzebują wsparcia, pomocy w uporaniu się z trudnymi emocjami i w przepracowaniu trudnych doświadczeń. Takie osoby to moi Pacjenci. Ważnym etapem ich pracy nad sobą jest wybaczenie tym, którzy je skrzywdzili, czyli najczęściej ich rodzicom. Wybaczenie nie oznacza zapomnienia, oznacza pogodzenie się z tym, co zaszło kiedyś, i uwolnienie się od złości. Tylko jeśli pamiętamy, czyli wyciągamy wnioski, mamy świadomość znaczenia własnych emocji i doświadczeń, a jednocześnie jesteśmy wolni od poczucia winy i nienawiści, będziemy w stanie budować i pielęgnować trwałe i dojrzałe rodzinne relacje. Tylko wtedy nasze rodzinne nastroje nie będą stanowiły toksycznych zależności i chorych emocji.

Ten ważny etap, którym jest wybaczenie bliskim osobom, to wyzwanie dla całej rodziny, która wyrządziła krzywdę.

Nie musi być ona ewidentnie tak zwaną patologią, czyli rzucającą się w oczy fizyczną przemocą. Większość „nieszczęśliwych dorosłych dzieci" to osoby, które wychowały się w rodzinach charakteryzujących się emocjonalnymi dysfunkcjami. Do najczęstszej rodzinnej, emocjonalnej przemocy należy:

- brak wsparcia,
- brak czułości,
- nadmierne wymagania,
- brak poczucia bezpieczeństwa,
- brak akceptacji,
- emocjonalna oziębłość rodziców,
- chwiejność i nieprzewidywalność zachowań i emocji rodziców,
- brak jasnych zasad i reguł panujących w domu.

Można wymieniać wiele przykładów, które świadczą o tym, jak często krzywdzimy dzieci, z reguły nieświadomie, z powodu braku wiedzy psychologicznej czy własnych psychicznych trudności.

Bardzo często potomstwo jest krzywdzone z powodu konfliktu pomiędzy rodzicami i włączania w niego dzieci, stających się albo stroną w tym konflikcie, albo bezradnym obserwatorem, który znajduje się między młotem a kowadłem i bardzo przeżywa tę trudną sytuację.

Najważniejsze jest to, abyśmy pamiętali, że dzieci są świadome tego, co się dzieje w domu i co przeżywają rodzice. Są niezwykle wrażliwe na domową atmosferę, na relacje pomiędzy rodzicami. Przeżywają każdą kłótnię, każdy zły nastrój rodziców, doskonale wyczuwając wszelkie animozje pomiędzy nimi. Niedopuszczalne jest angażowanie dzieci w konflikty dorosłych, negatywne nastawianie w stosunku do jednego z rodziców, ograniczanie kontaktu czy jakakolwiek próba odebrania prawa do budowania relacji z którymkolwiek z rodziców.

Jeśli ktoś jest „nieszczęśliwym dorosłym dzieckiem", to warto podjąć wyzwanie pracy nad sobą, między innymi po to, aby przerwać błędne koło rodzinnej krzywdy i nie obarczać własnych dzieci ciężarem, który sam musi dźwigać. Rodzinne nastroje są bowiem przekazywane z pokolenia na pokolenie i „nieszczęśliwe dorosłe dzieci" wychowują nieszczęśliwe potomstwo, które w dorosłości będzie musiało się zmierzyć z trudnymi emocjami, mającymi początek w dzieciństwie. Smutek, złość, poczucie winy są jak choroba zakaźna przekazywana z pokolenia na pokolenie, choroba, na którą cierpi cała rodzina.

Jeśli twoje dzieciństwo było źródłem trudnych doświadczeń, których konsekwencje sprawiają, że jest ci ciężko poradzić sobie z własnymi emocjami, to zmień historię swojej rodziny i napraw to, co kiedyś zostało zniszczone. Może w twojej rodzinie dominuje agresywne i roszczeniowe podejście do innych? Może jest ona obarczona poczuciem winy, które przekazywane z pokolenia na pokolenie pozbawia życie radości i przyjemności? A może kiedyś zainfekowana wirusem agresji przekazuje kolejnym pokoleniom złość, która jest rozładowywana na bliskich i w ten sposób przekazywana dalej? Warto znać historię swojej rodziny po to, aby zrozumieć jej problemy i znaleźć na nie lekarstwo.

To zrozumienie historii rodziny to jeden z ważnych etapów pracy nad sobą. Przebiega ona według określonego schematu:

1. Uświadomienie sobie swoich emocji. Nazwanie ich.

2. Uświadomienie sobie problemów, których źródłem są trudne emocje, wewnętrzne konflikty.

3. Zrozumienie i uświadomienie sobie doświadczeń, które wpłynęły na odczuwane trudności i emocje. Zrozumienie ich genezy.

4. Zidentyfikowanie rodzinnych negatywnych schematów.

5. Stworzenie własnych pozytywnych wzorców.

6. Praca nad bezpiecznym, świadomym, nieagresywnym i konstruktywnym sposobem radzenia sobie z emocjami.

7. Praca nad bezpiecznym, świadomym, nieagresywnym i konstruktywnym sposobem rozwiązywania problemów. Stopniowe i efektywne pokonywanie trudności.

8. Wybaczenie tym, którzy nas skrzywdzili.

9. Praca nad relacją z samym sobą, nad samooceną, poczuciem własnej wartości, akceptacją, szacunkiem i miłością do siebie. Praca nad uświadomieniem sobie swojego potencjału i zdolności.

10. Praca nad motywacją do rozwoju i wykorzystania własnych zdolności.

11. Praca nad relacjami z innymi, nad asertywnością i zaufaniem w stosunku do bliskich osób.

12. Budowanie poczucia bezpieczeństwa i wiary w siebie i innych. Budowanie wiary w prawo do własnego szczęścia i wiary w miłość.

13. Danie sobie prawa do szczęścia, umiejętność rozpoznawania własnych potrzeb i umiejętność ich bezpiecznego zaspokajania.

14. Danie innym prawa do szczęścia, umiejętność rozpoznawania potrzeb bliskich osób i umiejętność ich bezpiecznego zaspokajania.

15. Zdolność do dojrzałej miłości.

Praca nad sobą to wyzwanie i przygoda. To konieczność, jeśli chcemy stworzyć szczęśliwą rodzinę i wybaczyć tym, którzy nas skrzywdzili. Wybaczyć nie tylko po to, aby dać szansę poprawienia relacji, ale przede wszystkim dla siebie. Wybaczamy po to, aby uwolnić się od ciężaru złości, gniewu i poczucia winy.

Wybaczamy po to, aby dać sobie szansę na szczęśliwe życia i szansę tym, których spotykamy i z którymi budujemy nowe relacje.

Szczęśliwa rodzina to rodzina wolna od nienawiści i poczucia winy. Masz prawo taką stworzyć!

Pomocne ćwiczenie:

Jaki jest twój przepis na szczęśliwą rodzinę? Zastanów się, co twoim zdaniem trzeba, co można zrobić, aby stworzyć rodzinę szczęśliwą, w której nie ma sytuacji i zachowań raniących kogokolwiek? Jak możemy zadbać o szczęście swojej rodziny?

Mój przepis na szczęśliwą rodzinę, czyli to, o czym warto pamiętać, co należy zrobić, na co uważać i czego unikać, aby dbać o szczęście rodziny:	1. 2. 3.

Rozdział 2

„Nas dwoje" i nasza rodzina – czyli jak dbać o związek z partnerem?

Jeśli chcemy zbudować szczęśliwy związek i umieć o niego dbać, musimy nauczyć się życia w rodzinie i włączenia we wspólną partnerską przestrzeń relacji z innymi bliskimi osobami. To bywa nie lada wyzwaniem. Pogodzenie z jednej strony potrzeb własnych i partnera, z drugiej oczekiwań i potrzeb pozostałych członków rodziny, kompromisy uwzględniające kilka punktów widzenia i czasem sprzeczne opinie – to sztuka życia w rodzinie. Radzenie sobie z emocjami w konfliktowych sytuacjach i szukanie wspólnych rozwiązań – to umiejętności na wagę złota. Dbanie o relację z partnerem to dbanie o fundament rodziny, dlatego jest tak ważne. Na szczęście to całkiem przyjemne zadanie!

„Nas dwoje" i nasza rodzina, nasze rodzinne trójkąty, gdzie partnerzy i ich bliscy, rodzice i dzieci budują wzajemną bliskość i uczą się dawania sobie tego, co najbardziej wartościowe, to nasz system rodzinny, który wymaga troski i zadbania o wzajemne szczęście. Okazujemy to między innymi przez wyznaczanie granic relacji. Pilnowanie, aby relacja z partnerem była równie ważna jak inne bliskie relacje, aby nigdy nie doszło do nadużyć czy zaniedbań, aby druga osoba nie poczuła się zlekceważona, odrzucona, niekochana czy nieważna. A w natłoku codziennych spraw i obowiązków łatwo stracić z oczu to, co najważniejsze, zaniedbać to, co naszej miłości i troski tak potrzebuje. Łatwo zapomnieć o dbaniu o nasz związek!

Utrzymanie równowagi pomiędzy łączącą partnerów więzią a pozostałymi relacjami to duża umiejętność. Wymaga między innymi wyznaczenia granic relacji. To warunek konieczny utrzymania bliskości nas dwojga w konfrontacji z wyzwaniami funkcjonowania w relacji „Nas troje", czyli my i nasza rodzina. Granice relacji to między innymi intymność związku, czyli wszystko to, co łączy partnerów i należy tylko do nich. Ich seksualność, ich przyjemności, ich sprawy i tajemnice. Intymność relacji to jej spoiwo, jej filar utrzymujący równowagę pomiędzy obowiązkami a przyjemnościami. Dbanie o intymność to dbanie o wzajemne szczęście, o bliskość, o namiętność, o bycie dla siebie kimś ciekawym, to dbanie o sens bycia razem. Bo to nie obowiązki czy problemy łączą partnerów. Nie rodzina czy wspólny majątek zmuszają nas do bycia razem. O tym, że razem żyjemy i budujemy i pielęgnujemy wspólną przestrzeń, decyduje nasze uczucie i chęć bycia ze sobą, a wspólne sprawy to konsekwencja życia razem. Bo wspólne sprawy to wszystko, co nas do siebie zbliża. Nie jesteśmy ze sobą dlatego, że wzięliśmy ślub, że mamy wspólny kredyt, dzieci, wspólną rodzinę. Jesteśmy razem, bo chcemy być ze sobą, i dlatego mamy to wszystko, co nas łączy. Wszystko, co wspaniałe i trudne. Wszystko, co jest źródłem naszych wspólnych radości i trosk. Taka postawa to warunek konieczny dbania o relację. Nie jest to oczywiście warunek wystarczający, jest wiele czynników odpowiedzialnych za udany związek – jednym z nich jest nasza troska o relację i partnera oraz wiedza, jak się troszczyć. To ważne, aby zacząć od siebie i od przekonania: „Chcę dbać o rodzinę i mojego partnera, bo ich kocham, bo jestem dla nich, a oni są dla mnie kimś ważnym, bo chcemy być razem". Jeśli do takiej postawy dodamy chęć, by dbać o wspólną codzienność, o przyjemność, radość bycia razem, czasem na przekór troskom i problemom, to mamy ogromne szczęście. Dzięki temu możemy doświadczyć miłości szczęśliwej! A miłość szczęśliwa wymaga pielęgnowania i dlatego warto się dowiedzieć, jak to robić!

2.1. Przede wszystkim dbaj o partnera i granice waszego związku!

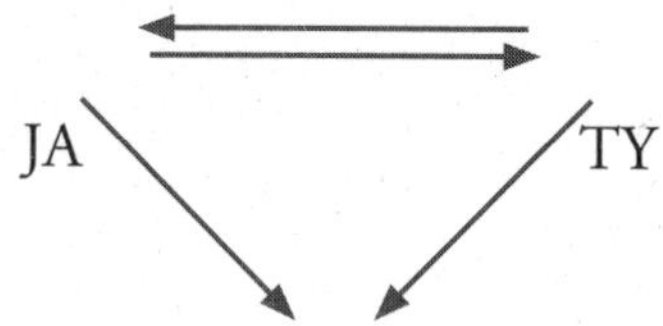

- rodzice
- rodzeństwo
- dzieci
- przyjaciele
- byli małżonkowie / partnerzy

W życiu dwojga osób ważną rolę odgrywają inne bliskie osoby. W ten sposób możemy tworzyć specyficzne trójkąty, w których wzajemne relacje, obowiązki i problemy mogą znacznie skomplikować nam życie. Dlatego tak ważne jest dbanie o partnera, o związek i jego granice, czyli to, co stanowi nasz świat i naszą partnerską przestrzeń.

Trójkąt tworzyć mogą nie tylko osoby, ale także ważne, trudne sprawy:

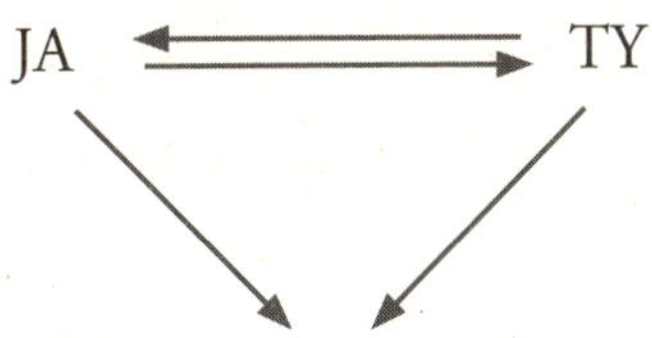

- praca
- pieniądze
- moje / twoje pasje
- domowe obowiązki
- moje / twoje lęki / niepokoje / paranoje

W dużej mierze to od nas samych zależy, na ile będą to relacje powodujące nieporozumienia pomiędzy nami, a na ile zbliżą nas do siebie, gdy razem się z nimi zmierzymy, znajdując wspólny cel. Jeśli rozumiemy, że związek to połączenie dwóch światów, to relacja dwóch osób, z których każda jest odrębną jednostką wnoszącą do związku własne ważne sprawy i z których każda zasługuje na szacunek, własną przestrzeń, a wspólne troski i radości stanowią to, co nas zbliża, to wówczas ryzyko, że stworzymy trójkąt, który zacznie nas od siebie oddalać, jest nieduże.

W relacji „Ja i moja przestrzeń", „Ty i twoja przestrzeń" razem budujemy to, co stanowi nasz świat: nasze wspólne zainteresowania, dzieci, przyjaciele, rodzina, troski i radości. Jeśli to, co stanowi tę wspólną przestrzeń, postrzegamy jako NASZE, to czujemy się współodpowiedzialni i zaangażowani w codzienność na równi, partnersko i jeśli będziemy dbać o relację, to utrzymamy równowagę pomiędzy związkiem a tym, co do niego przenika. Trójkąty to trudna konfiguracja, dlatego warto myśleć o swoim związku jako o posiadającej jasno określone granice i ustalone z partnerem zasady relacji, która jest elementem systemu.

Myślenie o związku, jego rozumieniu i postrzeganiu jako: „My i to, co nas zbliża", „My i nasz świat" pomaga rozumieć relacje rodzinne jako system, do którego należy związek mający ustalone granice.

Nasz świat, to My i nasze sprawy. Ja i Ty, i to, co nas zbliża!

Pamiętajcie: W utrzymaniu równowagi pomiędzy relacją z partnerem a pozostałymi ważnymi rodzinnymi relacjami, w dbaniu o szczęście rodziny i w pielęgnowaniu pozytywnej energii łączącej bliskie osoby niezbędne jest:

- **pielęgnowanie związku, czyli wyznaczenie jego granic i dbanie o partnera, o jego potrzeby i uczucia;**
- **wspólne decydowanie i wspieranie się partnerów w codziennych decyzjach, obowiązkach i w konfrontacji z innymi bliskimi osobami;**
- **chronienie intymności relacji;**
- **dbanie o siebie, pielęgnowanie dobrej relacji z samym sobą;**
- **dbanie o dobre relacje z rodziną partnera (z jego rodzicami, rodzeństwem);**
- **dbanie o dobre relacje naszego partnera z naszą rodziną (z naszymi rodzicami, z naszym rodzeństwem).**

Pomocne ćwiczenie:

Jakie są, twoim zdaniem, najczęściej popełniane przez partnerów błędy, sprawiające, że przestają oni dbać o związek, przestają pielęgnować uczucie?

Moim zdaniem, najczęstsze błędy sprawiające, że przestajemy dbać o związek, przestajemy pielęgnować uczucie, to:	1. 2. 3.

2.1.1. Chronienie granic relacji

Pielęgnowanie związku z partnerem to chronienie granic relacji i dbanie o partnera, o jego potrzeby i uczucia.

Chronienie granic relacji to warunek konieczny funkcjonowania w systemie rodzinnym. Dlatego rozumienie związku jako elementu systemu rodzinnego i ustalenie granic relacji, postrzeganie związku jako zespołu, który w wielu interakcjach z pozostałymi członkami rodziny i w konfrontacji z różnymi problemami będzie funkcjonował jako całość – jeden organizm broniący swoich racji i swoich granic, to warunek konieczny miłości szczęśliwej.

Granice związku to wszystko to, co go określa, definiuje, co stanowi jego zasady – to swoista umowa między partnerami, która wyznacza wspólne, codzienne funkcjonowanie. Granice związku wyznaczają ramy waszego świata, jego schemat i to, co jest dla was ważne, wasze zasady dotyczące podziału obowiązków domowych i reguły odnoszące się do hierarchii wartości. Granice związku to również to, jak się do siebie odnosicie, na co wyrażacie zgodę we wzajemnych relacjach, a na co nie – to normy waszej relacji.

Przyjrzyjmy się kilku przykładom prób naruszania granic związku:

„Ty odwozisz dzieci rano do przedszkola, a ja je odbieram, ja robię zakupy, a ty kładziesz je spać" – to jeden z przykładów zasad panujących w relacji. Jeśli teściowa komentuje wasze ustalenia lub próbuje to zmienić, mówiąc: „To jedno z was powinno zajmować się dziećmi, a drugie mogłoby wtedy zająć się pracą zawodową", wtedy narusza granice waszego związku.

Macie zasadę, że nie wyjeżdżacie oddzielnie na urlop, szczególnie że jesteście bardzo zapracowani i na co dzień nie macie dla siebie zbyt wiele czasu, a koledzy twojego partnera / koleżanki twojej partnerki wyciągają go / ją na spontaniczny wyjazd, mówiąc: „Nie przesadzaj, powinniście od siebie odpocząć!". To jest naruszenie granic.

Ustaliliście, że wasi rodzice wcześniej zapowiadają swoje wizyty, a twoja teściowa uwielbia wpadać bez uprzedzenia i w ten sposób robi wam niespodziankę – to również przykład naruszania granic waszego związku.

Twoja siostra nie przepada (delikatnie mówiąc) za twoim partnerem / twoją partnerką i przy każdej okazji zwraca ci uwagę na jego / jej wady, które w jej mniemaniu są „niepokojące". Gdy mówi ci o tym, jak to on / ona według niej nie dba o ciebie i lekceważy twoje zdanie, a posługuje się naciąganą oceną wyrwanych z kontekstu sytuacji i jest ci przykro, słuchając tych surowych ocen – to jest naruszanie granic twojego związku.

Jeśli ktoś szkaluje dobre imię twojego partnera, jeśli skłania cię do zachowania wbrew waszym zasadom, jeśli chce, abyś zrobiła / zrobił coś, co sprawi najbliższej ci osobie przykrość – to jest naruszanie granic twojego związku.

Fragment rozmowy z jedną z moich Pacjentek, Ewą, jest dobrym przykładem naruszania granic relacji:

– Chciałabym poradzić się, co zrobić i jak zmienić bardzo trudną dla mnie sytuację. Nie chcę nikomu sprawić przykrości, ani mężowi, ani teściom, ale każde nasze z nimi spotkanie to dla mnie ogromny stres. Prawdę mówiąc, nie mam już cierpliwości wysłuchiwać tego, co za każdym razem mówi moja teściowa. Jej komentarze i pseudorady sprawiają mi ogromną przykrość. Za każdym razem zaczyna się niewinnie, od uwagi na temat tego, że ubrałam dzieci za lekko, bo jest przecież zimno, albo za ciepło, bo nie jest przecież tak zimno. I zaczyna dalej pytać, jak sobie radzimy z obowiązkami, bo jeśli jej syn pracuje, a ja zajmuję się domem, to chyba rozumiem, że on musi mieć też czas dla siebie, i daje nam liczne rady oraz komentuje nasze życie. Podczas ostatniego spotkania złapałam się na tym, że o mały włos nie walnęłam pięścią w stół, i chyba najwyższy czas coś z tym zrobić?

– Pytasz mnie o to czy stwierdzasz fakt?

– Chyba potrzebuję potwierdzenia, że mam prawo nie zgadzać się na taką ingerencję w nasze sprawy i na takie uwagi.

– Myślę, że doskonale sama wiesz, że masz do tego prawo, i twoja złość w tych trudnych sytuacjach jest w pełni uzasadniona. To ważne, żebyś sama sobie dała przyzwolenie na to, co czujesz. Nie zgadzasz się na zachowanie twojej teściowej i zastanawiasz się, jak to zakomunikować. I w tym chętnie ci

pomogę. Wspólnie zastanowimy się, jak to zrobić. Powiedziałaś, że nie chcesz nikomu sprawić przykrości. Czyli chcesz powiedzieć, co cię rani, ale w sposób, który nie będzie agresywny i bolesny dla kogoś innego?

– Nie chcę konfliktu, kłótni, chcę świętego spokoju i prawa do układania sobie codziennego życia, tak jak ja i mąż uważamy!

– Czyli oczekujesz szanowania i respektowania granic waszej relacji, czyli waszych reguł. Ingerowanie w waszą prywatność, waszą codzienność, próba wyegzekwowania zmiany tego, co oboje ustaliliście, to naruszanie waszych granic i masz prawo na to się nie godzić! Czy rozmawiałaś o tych trudnych sytuacjach i o tym, co czujesz, ze swoim mężem?

– Uważam, że on powinien się domyślić, co czuję, i chyba rozumie, że jest to dla mnie trudne.

– Jeśli nie jest telepatą i nie ma zdolności czytania w myślach, to jest duże prawdopodobieństwo, że inaczej odbiera te sytuacje. Może jest przyzwyczajony do tego, że jego mama często krytykuje i poucza innych? Może umie nie zwracać na to uwagi i nie bierze do siebie tych uwag i komentarzy?

– Skąd wiesz, że tak jest?

– Masz rację! Nie mogę tego wiedzieć. Mogę tylko się domyślać, dlaczego twój mąż nie reaguje na te sytuacje. I mogę się mylić. Dlatego myślę, że bardzo pomocna może okazać się rozmowa

z twoim mężem, zapytanie go o to, jak on to odbiera i jak się z tym czuje, wytłumaczenie mu, jak jest ci trudno, gdy twoja teściowa wtrąca się w wasze sprawy, i poproszenie go o to, abyście wspólnie zastanowili się, jak z nią porozmawiać i jak poprosić o zmianę zachowania.

Ewa porozmawiała z mężem i wspólnie ustalili, co powiedzieć jego mamie, jak przekazać jej, co czują, i poprosić, aby powstrzymała się od rad, które zbyt ingerują w ich prywatność. Przed tą rozmową zaproponowałam im ściągawkę, którą wykorzystali jako przykład takiej asertywnej rozmowy.

Pamiętajcie: Dopóki jesteś w relacji, dopóki tworzycie związek, nikt nie ma prawa bez waszej wspólnej zgody ingerować w jego zasady i wasze wspólne postanowienia! Wyjątkiem są sytuacje, gdy bliskie osoby uważają, że związek jest relacją toksyczną, krzywdzącą i ich ingerencja jest konieczna i uzasadniona, lub kiedy para potrzebuje wsparcia bliskich w poradzeniu sobie z trudną sytuacją. Problem polega na umiejętności odróżnienia wtrącania się od koniecznej interwencji. Między innymi dlatego wymyślono mój zawód, aby pomagać rodzinom odróżnić jedne sytuacje od drugich, tak aby pomoc była faktycznym wsparciem, a nie naruszaniem granic relacji.

Ściągawka:

Przykład asertywnej wypowiedzi:

– „Rozumiemy, że to, o co pytasz, to, co nam doradzasz, wynika z twojej troski i chęci pomocy. Masz swoje doświadczenia, poglądy i sposoby na radzenie sobie z codziennymi trudnościami, które uważasz za skuteczne. Chcesz podzielić się z nami swoim doświadczeniem i doceniamy to. My też mamy swoje przekonania, swoje zasady, którymi się kierujemy. Ustaliliśmy wspólnie reguły podziału obowiązków i żyjemy po swojemu. Mamy swoje zwyczaje i poglądy. Uszanuj nasze zdanie i nie krytykuj tego, jak żyjemy, bo w ten sposób sprawiasz nam przykrość. Każdy ma prawo żyć po swojemu, my nie oceniamy ciebie i ty tego nie rób względem nas. Jeśli będziemy chcieli zapytać cię o radę, na pewno to zrobimy".

Takie uczciwe, jasne i spokojne przedstawienie sytuacji to przykład asertywnej obrony granic relacji. W sytuacji, gdy ktoś je narusza, należy zaprotestować, ale w sposób nieagresywny. Nie warto prowokować konfliktu i eskalować negatywnych emocji.

Dbanie o granice związku to dbanie o wspólną przestrzeń nas dwojga. To świadomość tego, jak chcemy, aby nasza relacja funkcjonowała, i niezgoda na ingerencje osób trzecich w to, co nasze i dla nas najważniejsze.

JA ⇄ TY

nasz intymny świat

↓

• ważne dla naszego związku osoby i sprawy

Pomocne ćwiczenie:

Jakie są, twoim zdaniem, ważne zasady, stanowiące waszą umowę partnerską i wyznaczające granice waszego związku? Jeśli nie jesteś aktualnie w relacji, to zastanów się nad tym, jakie zasady powinny obowiązywać w twoim przyszłym związku.

Ważne, moim zdaniem, zasady wyznaczające granice mojego związku i stanowiące naszą umowę partnerską to:	1. 2. 3.

2.1.2. Dbanie o partnera

Dbanie o związek to – oprócz chronienia granic relacji – troszczenie się o partnera, o jego potrzeby i uczucia.

Gdy codzienne obowiązki i problemy zaprzątają naszą uwagę, zaczynamy zaniedbywać relację i drugą osobę. Przestajemy dostrzegać jej wyjątkowość, zaczynamy ją traktować jak pomoc domową, czyli kogoś, z kim dzielimy się obowiązkami i codziennymi zadaniami, kogoś, kto ma nam przede wszystkim pomagać, a nie kogoś, kogo kochamy, i kto jest dla nas równie ważny, jak inne bliskie osoby – kogoś, kogo problemy i uczucia są równie ważne, jak innych członków rodziny. Wzajemna pomoc to nie przykry obowiązek, to nie nakaz, tylko nasza chęć wspierania ukochanej osoby i zajmowania się tym, co dla nas obojga jest ważne. Dlatego nasza partnerska umowa obejmuje również zasadę dbania o siebie nawzajem. Każdy związek powinien mieć swoją własną partnerską umowę. Aby było w niej miejsce na potrzeby i uczucia partnera, wystarczy ze sobą szczerze rozmawiać i zwracać uwagę na drugą osobę.

Wtedy pytamy:

- Co jest dla ciebie ważne w relacji?
- Co jest dla ciebie ważne w życiu rodzinnym?
- Czy mogę zrobić coś, co sprawi, że będziesz bardziej szczęśliwy / szczęśliwa?
- Jakie są twoje potrzeby, cele, marzenia?
- Co sprawia ci przyjemność, co cię uszczęśliwia?
- Czy dzieje się coś, co cię unieszczęśliwia?

Zwracanie uwagi na drugą osobę to patrzenie na nią i dostrzeganie jej, to słuchanie jej i słyszenie tego, co do nas mówi. To chęć rozumienia jej potrzeb, opinii i pragnień. Nie chodzi o bezmyślne zgadzanie się ze wszystkim, co mówi, nie chodzi o zaspokajanie wszystkich jej zachcianek. Chodzi o szanowanie jej potrzeb i zdania, o chęć znalezienia kompromisu w spornych kwestiach i otwartość na wyjątkowość i indywidualność ukochanej osoby.

Postawa: „Jesteś dla mnie kimś ważnym, szanuję twoje potrzeby, twoje zdanie i chcę być z tobą dla ciebie, a nie z powodu tego, że mamy wspólne zobowiązania" – to dbanie o związek i o partnera. To również motywacja do sprawiania ukochanej osobie przyjemności, chęć, by dowiedzieć się, co jest dla niej ważne i trudne, to chęć bycia razem i wspólnego spędzania czasu. To przyjemność z tego, że dzielimy ze sobą codzienność!

Pomocne ćwiczenie:

O co, twoim zdaniem, warto zapytać partnera, aby umowa partnerska nie ograniczała drugiej osoby, aby uwzględniała to, co jest dla niej ważne? Jakie pytania warto zadać, aby ustalić uczciwe, sprawiedliwe i dające poczucie spełnienia w związku zasady? O czym trzeba porozmawiać, aby ustalić reguły relacji dające obojgu partnerom szczęście?

Ważne, moim zdaniem, pytania do partnera, pomagające ustalić zasady, które wyznaczą granice związku i naszą umowę partnerską, to:	1. 2. 3.

2.1.3. Działanie i podejmowanie decyzji we dwoje – stworzenie wspólnego frontu, jednej drużyny i wspieranie się nawzajem

Stworzenie wspólnego frontu, czyli jednej drużyny, to wspólne decydowanie i wspieranie się w codziennych decyzjach, obowiązkach i w konfrontacji z innymi bliskimi osobami, to współdziałanie i solidarność w stawianiu czoła codzienności. „Jesteśmy razem" to postawa pomagająca myśleć o swoim związku jako o jednej drużynie, parze wspierających się i kochających przyjaciół, kochanków, partnerów. To daje nam siłę i energię do zmierzenia się z codziennością razem. Bo rodzina, wspólne obowiązki i problemy, które dotyczą naszej relacji, bywają często źródłem trudnych emocji. Łatwo wtedy o nieporozumienia, kłótnie, o konflikty, które oddalają partnerów. Tak się dzieje, gdy nie postrzegamy sytuacji jako dotyczącej obojga. Jeśli zaczynamy myśleć w kategoriach „ja" zamiast „my" i w partnerze postrzegamy wroga, kogoś, z kim walczymy, zamiast sprzymierzeńca, który razem z nami może rozwiązać problem, oddalamy się od siebie i zaczynamy walczyć ze sobą, zamiast zewrzeć szyki.

Wszystko, co dotyczy naszego związku, to nasza wspólna sprawa. Razem powinniśmy podejmować decyzje o trudnych rozmowach z pozostałymi członkami rodziny i zasadach życia razem. To bardzo ważna reguła dotycząca funkcjonowania w systemie rodzinnym. Nasi bliscy to nasza wspólna rodzina. Jeśli dzieje się coś ważnego w relacji z rodziną, to dotyczy to obojga partnerów. Jeśli tak postrzegamy swoją sytuację, to potrafimy nie tylko wspólnie rozwiązać trudne sprawy, ale także umiemy wykorzystać potencjał rodzinnych relacji do wzmacniania wzajemnego uczucia. Nic tak nie cementuje relacji, jak świadomość, że możemy na siebie liczyć, jak świadomość wzajemnego wsparcia. Gdy komunikujemy się z takim podejściem, zaznaczamy w ten sposób istnienie wspólnego frontu. Dlatego tak ważne jest mówienie:

– Zastanówmy się wspólnie, jak porozmawiać z..., aby wyjaśnić tę sytuację?

– Doradź mi, co powiedzieć, chcę wytłumaczyć... nasze stanowisko, ale nie chcę... sprawić przykrości czy zaryzykować niepotrzebnego konfliktu?

Wspólnie zastanówmy się i podejmijmy decyzję! Co, twoim zdaniem, powinniśmy zrobić?

Najważniejsze jest to, aby nie stworzyć podziału na „moja rodzina" kontra „twoja rodzina". Taki antagonizm to źródło wielu nieporozumień i bolesnych sytuacji. Łatwo wtedy zranić partnera, na przykład sprawiając, iż będzie rozdarty pomiędzy nami a inną bliską osobą. Jeśli kochamy partnera, nie chcemy go ranić! To ważny argument za szukaniem rodzinnych kompromisów!

Pomocne ćwiczenie:

Zastanów się, jakie cechy charakteru, twoim zdaniem, mogą pomóc w podejmowaniu wspólnego działania w związku i wspólnych decyzji, jakie mogą być pomocne w tworzeniu wspólnego frontu przez partnerów i wspieraniu się nawzajem!

Ważne, moim zdaniem, cechy charakteru, pomocne we współdziałaniu i tworzeniu wspólnego frontu przez partnerów:	1. 2. 3.

2.1.4. Chronienie intymności relacji

Krótko cieszymy się relacją „Nas dwoje" – czyli czasem, gdy jesteśmy tylko dla siebie, sami, we dwoje, zakochani i zapatrzeni w siebie, gdy intymność jest naturalna i dbanie o nią przychodzi nam bez żadnego wysiłku. Zakochanie to stan wzajemnego zafascynowania, zapatrzenia w drugą osobę, czas, w którym nic innego i nikt inny nas nie obchodzi, czas, w którym intymność relacji wypełnia całą naszą przestrzeń. Gdy codzienność zajmuje nam coraz więcej czasu, wcześniej zarezerwowanego tylko dla naszego partnera, chętnie ucieklibyśmy we dwójkę na bezludną wyspę i tam cieszyli się swoją bliskością. Niestety, nie jest to możliwe, ale można dbać o intymność relacji, która zapewni nam to, co tak fascynujące.

Dbanie o intymność relacji to umiejętność bycia dla siebie, ze sobą, blisko, namiętnie, erotycznie. To poświęcanie sobie pełnej troski uwagi, czułość, to wspólne przyjemności. Każdy miły gest, każde czułe słówko, każda pieszczota to dbanie o intymność. Mówienie o dobrych emocjach, o łączących nas uczuciach. Każde słowo „kocham" to dbanie o intymność. Komplement, zachwyt w oczach, gdy patrzymy na partnera, zainteresowanie jego sprawami, przytulenie się i pytanie „Jak ci minął dzień?" to dbanie o intymność relacji. To wspólnie poświęcany sobie czas mimo natłoku codziennych obowiązków, zmęczenia, problemów i trudności. Dbanie o intymność to pielęgnowanie sfery seksualnej, to umiejętność bycia dla siebie nawzajem kimś atrakcyjnym, ciekawym, pociągającym. To umiejętność znalezienia czasu dla siebie nawzajem, dbania o partnera. Intymność to również zachowanie tylko dla siebie swoich sekretów, zwyczajów i wszystkiego, co stanowi intymną przestrzeń relacji, czyli tego, co sprawia, że jesteśmy dla siebie nawzajem kimś wyjątkowym, wspaniałym, i dlatego dbanie o nią to dbanie o szczęśliwą miłość.

Pielęgnowanie i chronienie intymności to trudne zadanie, szczególnie gdy na świecie pojawiają się dzieci. Dlatego im wcześniej para nauczy się dbania o swoją intymność, tym łatwiej będzie ją chronić w momentach wystawiających związek na próbę. Przypomnijmy sobie, jak się zachowujemy, jak troszczymy się o partnera, ile uwagi mu poświęcamy, jak go traktujemy, gdy jesteśmy zakochani. Wtedy aż kipi od namiętności i intymności. Najczęstszy błąd, który popełniają pary, to pozwolenie na to, aby z czasem to, co namiętne, intymne i intrygujące, odeszło w zapomnienie, a przestrzeń relacji wypełniły tylko obowiązki, codzienne troski, prozaiczne czynności, kłopoty i wzajemne pretensje. Na szczęście tak być nie musi! Jeśli będziemy dbali o intymność relacji, jeśli proporcje pomiędzy obowiązkami a przyjemnościami, prozą życia a tym, co wyjątkowe i pociągające, będą zachowane, to znaczy, że będziemy i partnerami wspólnie zajmującymi się domem, i rodziną, i kochankami, i przyjaciółmi, którzy lubią ze sobą spędzać czas. Będziemy szczęśliwi, stworzymy szczęśliwy dom i szczęśliwą rodzinę!

Pomocne ćwiczenie:

Warto ćwiczyć dbanie o intymność relacji, tak aby w momentach, gdy nasza bliskość będzie wystawiona na próbę, ocalić to, co tak cenne i tylko nasze. Codziennie zrób coś, co sprawi erotyczną przyjemność twojemu partnerowi / twojej partnerce. To może być masaż wieczorem albo sprośny SMS albo miła pieszczota. Zrób coś, co będzie intrygujące, podniecające, prowokujące! Niech to będzie wasz codzienny intymny gest. Zastanów się, jak się czujesz, gdy sprawiasz taką przyjemność ukochanej osobie? Jak to wpływa na atmosferę w domu i na wasze relacje?

Zacznijcie od zaraz! To naprawdę dobra zabawa! Przekonaj się!

Mój intymny gest:	
Moje uczucia, gdy sprawiam przyjemność partnerowi:	
Wpływ intymnego gestu na atmosferę między nami:	

Ściągawka:

Dbanie o intymność relacji to między innymi:

- dbanie o atrakcyjność i urozmaicanie sfery seksualnej;
- sprawianie sobie erotycznych przyjemności;
- wzajemne zaufanie;
- troska o partnera;
- okazywanie sobie uczuć (przytulanie, czułe gesty);
- mówienie o uczuciach;
- poświęcanie sobie czasu;
- poświęcanie uwagi partnerowi;
- docenianie i szanowanie partnera;
- dbanie o swoją atrakcyjność;
- chronienie granic relacji;
- zachowanie sekretów dotyczących partnera i związku tylko dla siebie.

2.1.5. Dbanie o siebie, o dobrą relację z samym sobą

Chcesz stworzyć szczęśliwą rodzinę? Najpierw zadbaj o swoje szczęście! Chcesz pielęgnować rodzinne relacje, dbać o bliskie ci osoby? Zadbaj najpierw o siebie i pielęgnuj dobrą relację z sobą samym! Dlatego, zgodnie z zasadą „zacznij od siebie", w relacjach rodzinnych staramy się nie zapominać o sobie i swoim szczęściu, rozumiejąc, że tylko wtedy będziemy mogli się nim dzielić z bliskimi!

Pielęgnowanie dobrej relacji z sobą samym to kochanie, szanowanie i rozumienie siebie. To umiejętność bycia sobą i dbania o siebie, tak samo jak dbamy o ukochane osoby. W relacjach rodzinnych ważna jest asertywność, poczucie własnej wartości, pewność siebie i rozumienie własnych potrzeb. Te psychologiczne kompetencje pomagają nam w trudnych, konfliktowych sytuacjach, w momentach, gdy nasi bliscy próbują przekroczyć wyznaczone granice, a to się zdarza w każdej rodzinie.

Dbanie o siebie, gdy mieszkamy z najbliższymi osobami i z nimi dzielimy codzienność, to umiejętność znalezienia chwili odpoczynku mimo natłoku obowiązków. To umiejętność sprawiania sobie przyjemności i zaspokajania swoich ważnych potrzeb, mimo że bardzo nas absorbują potrzeby naszych bliskich. Dbanie o siebie to niezapominanie o swoich pasjach, o swoich przyjaciołach, o tym, co lubimy robić, mimo braku czasu i wielu obowiązków. Dbanie o siebie to pamiętanie o sobie i bycie swoim najlepszym przyjacielem.

W radzeniu sobie z rodzinnymi nastrojami ważna jest również nasza równowaga psychiczna, czyli umiejętność panowania nad emocjami, a ją nabywamy dzięki pracy nad sobą i dobremu kontaktowi z sobą samym. Dobry kontakt z sobą to rozumienie siebie i swoich emocji, to umiejętność mówienia o uczuciach i egzekwowania w relacjach tego, co jest dla nas ważne.

Znam wiele wspaniałych kobiet, które w relacjach z najbliższymi zapominają o sobie, o swoich potrzebach, zatracają swoje „ja" pochłonięte troską o innych. Chociaż daleka jestem od kategorycznego podziału na świat męski i kobiecy, na cechy kobiece i męskie, to w tej kwestii nie da się zaprzeczać faktom. To kobiety mają tendencję do tak zwanego poświęcania się dla rodziny. Tak, niestety, zostałyśmy wychowane. To jeden z negatywnych rodzinnych schematów, przekazywany z pokolenia na pokolenia, uczący dziewczynki dbania o innych kosztem samych siebie. A tak być nie powinno! Dbanie o najbliższych, miłość do nich nie powinna stać w sprzeczności z dbaniem o siebie i miłością do siebie. W relacjach rodzinnych jest miejsce na bycie dla siebie kimś ważnym, na własne potrzeby, na własną intymność i szczęście.

Pamiętaj: Masz prawo do swoich przyjemności, do czasu tylko dla siebie. Masz prawo do swoich radości, do bycia sobą!

Pomocne ćwiczenie:

Codziennie znajdź chwilę tylko dla siebie i porozmawiaj ze sobą! Zadaj sobie ważne pytania: na co mam ochotę? Co sprawi mi w tej chwili przyjemność? Co mogę teraz zrobić dla siebie dobrego i przyjemnego? I postaraj się po prostu to zrobić! Zasługujesz na to!

Co mogę teraz zrobić dla siebie dobrego i przyjemnego?	

2.2. Postarajcie się zaprzyjaźnić z rodziną partnera

Pierwsze tygodnie, miesiące relacji to czas specyficznego egocentryzmu – nie dostrzegamy świata poza osobą, w której jesteśmy zakochani. Nasza rodzina często patrzy na nas z zaciekawieniem, a czasem z przerażeniem, i zastanawia się, kim jest ten ktoś, dla kogo straciliśmy głowę. Czasem myślą: „To wspaniale, że znowu jest szczęśliwa / szczęśliwy!". Czasem: „Co jej / jemu odbiło!". Mogą być życzliwie nastawieni: „Ciekawe, czy ją / jego polubimy?" lub sceptyczni: „Ile tym razem to potrwa?".

Nastawienie rodziny zależy od wielu czynników – od tego, jaka była historia naszych poprzednich związków i co na ten temat wiedzą najbliżsi, od tego, jak członkowie rodziny układają sobie własne życie prywatne i czy są szczęśliwi, od tego, jakie w danej rodzinie panują poglądy i wzorce, czyli utarte przekonania i zwyczaje, wyznaczające codzienny rytm funkcjonowania i wpływające na decyzje i styl życia. Niezależnie od tego nastawienia, zawsze są ciekawi naszego partnera / naszej partnerki i chcą jego / ją poznać. Właśnie wtedy w życie dwojga włącza się trzeci element – rodzina. Gdy wkraczają rodzice, rodzeństwo, czasem ukochana babcia czy dziadek, stają się częścią naszego wspólnego życia. Zaczynamy tworzyć wspólny system rodzinny, czyli grupę powiązanych ze sobą wzajemnymi relacjami osób, których losy przeplatają się i mają wpływ na każdego członka rodziny. Możemy, dbając o tak zwane dobre wrażenie, sprawić, że relacje z nową rodziną ułożą się dobrze, a ich miły początek ułatwi dalsze stosunki. Dlatego tak ważne jest pierwsze spotkanie z rodziną partnera. To nie lada wyzwanie i duże przeżycie. Chcemy jak najlepiej wypaść, denerwujemy się i czujemy tremę jak przed ważnym występem. Nie wiemy, czego mamy się spodziewać, jak zostaniemy przyjęci, obawiamy się oceny i krytyki. To zupełnie naturalne emocje i jeśli zależy nam na drugiej osobie, to zależy nam również na zdaniu jej bliskich na nasz temat. Chcemy być serdecznie przyjęci i pozytywnie ocenieni, szczególnie przez osoby, które mogą stać się niedługo również i naszą rodziną. Co zrobić, aby jak najlepiej wypaść, poradzić sobie ze stresem i nawiązać pozytywną relację?

Jeśli to my wprowadzamy do rodziny nową osobę, jest to tak samo dla nas, jak i dla niej trudna sytuacja. Ważne, aby bliskie nam osoby miały szansę na nawiązanie dobrej relacji. Najważniejsze jest to, że wiele zależy od nas samych, że możemy im w tym pomóc! Znam wiele relacji, które się źle zaczęły, i wiem, że pierwsze wrażenie jest naprawdę bardzo ważne. Postarajmy się więc jak najlepiej wypaść, naprawdę warto!

Pomocne ćwiczenie:

Zastanów się, jakie cechy charakteru pomagają w budowaniu pozytywnych relacji i w nawiązywaniu znajomości? Jakie cechy charakteru, twoim zdaniem, budzą sympatię innych i pomagają zrobić dobre pierwsze wrażenie?

Cechy pomocne w nawiązywaniu i budowaniu relacji:	

2.2.1. Poznanie nowej rodziny

Poznanie nowej rodziny to okazja! Warto ją wykorzystać! Aby to zrobić, warto pamiętać o kilku regułach, które mogą znacznie tę sytuację ułatwić.

1. Poproś partnera, aby troszkę opowiedział ci o swojej rodzinie i osobach, które poznasz. Dowiedz się, jaki mają charakter, jak mogą się zachować, czy są śmiałe i otwarte, czy powściągliwe i nieufne w pierwszym kontakcie. Nie krępuj się i zadawaj pytania wprost. Większość osób lubi opowiadać o swoich bliskich i dzięki temu możesz wiele się dowiedzieć. To bardzo pomocne informacje. Powiedz swojemu partnerowi, że nie ukrywasz, iż zależy ci na tym, aby spotkanie było udane, i chcesz zadać kilka pytań, które pomogą ci się przygotować na nie. Takie zainteresowanie rodziną to również dowód poważnego podejścia do drugiej osoby i waszej znajomości, powinno więc być pozytywnie przez nią odebrane. To po prostu świadectwo tego, że naprawdę ci na tym związku zależy. Możesz zapytać:

   – „Jaki temperament ma twoja mama? Jest otwarta, śmiała, chętnie poznaje nowe osoby czy raczej jest zamknięta w sobie i powściągliwa?";

   – „A twój tata? Powiedz mi parę słów o nim";

– „Czym twoi rodzice się interesują, na jakie tematy lubią rozmawiać?”;

– „Czy są jakieś drażliwe tematy w twojej rodzinie, których lepiej nie poruszać?”;

– „Czy twoi rodzice przywiązują dużą wagę do kindersztuby, czy raczej zachowują się swobodnie i niezobowiązująco?”;

– „Kogo z twoich znajomych, których ja również znam, lubią najbardziej? Jak myślisz, dlaczego?”.

Przed każdym ważnym spotkaniem warto dowiedzieć się czegoś na temat osób, które mamy poznać. Wtedy troszkę więcej wiemy, czego możemy się spodziewać, dzięki temu czujemy się pewniej. Łatwiej też przewidzieć ewentualne tematy rozmowy czy pytania.

2. Przygotuj się na to spotkanie tak, aby czuć się komfortowo i swobodnie, tak jak szykujemy się na ważne zawodowe spotkanie. Ubierz się schludnie i elegancko, ale nie przebieraj jak na bal. Wybierz te ubrania, w których czujesz się dobrze, atrakcyjnie i elegancko. Atrakcyjny wygląd to większe poczucie pewności siebie.

3. Zapytaj o to, co możesz przynieść na to spotkanie. Wypada przyjść z bukietem kwiatów dla pani domu albo

butelką dobrego wina lub paczką pysznych ciastek. Warto jednak najpierw się upewnić, czy planowany podarek to nie będzie faux pas. Są domy, w których nie pije się alkoholu, i takie prezenty nie są mile widziane. A może jedno z rodziców ma cukrzycę i słodka przekąska nie będzie zbyt dobrym pomysłem. Możesz zapytać partnera wprost:

– „Nie chcę przyjść z pustymi rękoma. Myślę, że będzie twoim rodzicom miło, jeśli przyniosę na przykład pudełko czekoladek. Co o tym myślisz? A może masz lepszy pomysł? Doradź mi".

Taka inicjatywa z twojej strony to dowód szacunku dla gospodarzy domu, więc twojemu partnerowi powinno być miło, że tak poważnie traktujesz tę sytuację.

4. Zaplanujcie swoją wizytę z wyprzedzeniem. Nie zaskakujcie rodziny odwiedzinami przy okazji. Oni też chcą się do takiego spotkania przygotować. To twój partner / partnerka powinien / powinna przynajmniej tydzień wcześniej zapytać, czy moglibyście ich odwiedzić, i zapowiedzieć, że chce im ciebie przedstawić. W ten sposób nie tylko podkreśli, że ta znajomość jest poważna i że naprawdę mu / jej na tobie zależy, ale także wyrazi szacunek dla ciebie i zakomunikuje: „To ktoś, kogo szanuję, ktoś naprawdę dla mnie ważny".

5. Przyjdźcie punktualnie. Nie za wcześnie, nie za późno. Dokładnie o tej godzinie, na którą jesteście umówieni.

   Pamiętaj o zasadzie pierwszego wrażenia. Punktualność to cecha, na którą wiele osób zwraca uwagę. Świadczy o dobrym wychowaniu i szacunku do gospodarzy.

6. Pierwsza wymiana zdań i powitanie są również ważne:

   „Dziękuję za zaproszenie, cieszę się, że mogę Państwa poznać".

   Takie tradycyjne uprzejmości są stosowne i z reguły mile widziane.

7. Przygotowanie i pomysł na to, jak się na pierwszej wizycie zachować, powinny pomóc ci poradzić sobie ze stresem, ale pamiętaj o tym, aby nie udawać kogoś, kim nie jesteś. Zachowuj się naturalnie. Niech poznają tę osobę, w której zakochało się ich dziecko. Niech dostrzegą w tobie to, co widzi twój partner. Nie bój się być sobą.

8. Zdaj się na pomoc swojego partnera. To naturalne, że będziesz troszkę spięta / spięty. Wcześniej szczerze powiedz o swoich obawach partnerowi i poproś, aby ci pomógł, aby podtrzymywał rozmowę, proponował tematy i ośmielał cię, gdy zauważy, że się stresujesz.

9. Postaraj się nawiązać relację i zaprzyjaźnić z rodziną twojego partnera. Nie na siłę, nie od razu. Chodzi o otwarte, pozytywne nastawienie. Daj po prostu im i sobie szansę na nawiązanie pozytywnej więzi i wzajemne poznanie. Postawa: „Poznajmy się i polubmy. Dostrzeżmy w sobie dobre cechy i spróbujmy się zaprzyjaźnić. W końcu łączy nas uczucie do tej samej osoby, a my dla niej jesteśmy najważniejszymi ludźmi. Dlatego warto się zaprzyjaźnić!" – to szansa na sympatyczny początek znajomości.

10. Pamiętaj, że dla twojego partnera / partnerki to również ważny moment. Na pewno zależy jej / jemu na tym, abyście się polubili. Dlatego po takim spotkaniu powiedz mu o wszystkich swoich pozytywnych wrażeniach. O tym, co ci się spodobało, co było sympatyczne i sprawiło, że przyjemnie upłynął ci czas. Podziel się swoim wrażeniem na temat jej / jego rodziny, mówiąc o tym, co miłego zauważyłaś / zauważyłeś. Pamiętaj, że nawet jeśli jesteśmy krytyczni w stosunku do najbliższych, to nie lubimy, gdy ktoś ich negatywnie ocenia. Dlatego swoje krytyczne uwagi na początku zachowaj dla siebie. Chyba że wydarzyło się coś naprawdę nieprzyjemnego, coś, co cię uraziło, ale w takiej sytuacji twój partner powinien to zauważyć i grzecznie, ale stanowczo zareagować. Jeśli tego nie zrobił / nie zrobiła, taktownie powiedz jej / jemu o tym. Na przykład:

– „Trochę niezręcznie się czułam, gdy twoja mama kilkakrotnie wspominała twoją byłą dziewczynę. Rozumiem, że bardzo ją lubiła, tym bardziej mam nadzieję, że polubi również mnie i coraz rzadziej będzie ją wspominała!".

Zawsze mogą się zdarzyć sytuacje, gdy dzieje się coś niestosownego, coś, co nas rani. Najczęściej wynikają nie za złej woli, ale z niewiedzy lub z braku wyczucia. Nie obrażaj się od razu, spokojnie o tym powiedz. Twój partner powinien następnym razem (jeśli nie zrobił tego od razu) zareagować – grzecznie, ale stanowczo:

– „Mamo, nie rozmawiajmy o (jej / jego eks)... Za to chętnie opowiem wam o tym, co dotyczy (tu twoje imię). Czy wiecie, że ...".

Relacje z rodziną naszego partnera są ważne. Postarajmy się zrozumieć panujące w niej zwyczaje, poznajmy jej poglądy, uszanujmy to, z czym nie musimy się zgadzać. To osoby, które kocha i szanuje ktoś nam najbliższy. Nasza wyrozumiałość i cierpliwość są w takich sytuacjach nie do przecenienia. Pierwsze spotkania, to zacieśnianie naszej więzi z ludźmi, którzy – dopóki łączy nas coś z tą drugą osobą – będą częścią naszego wspólnego życia. Warto od początku zadbać o takie relacje. A może być to niełatwe! Czasem warto zignorować jakiś drobny nietakt czy sytuację, która nas zaskoczyła lub wywołała w nas negatywne emocje. To dotyczy na przykład poglądów politycznych, których wysłuchiwanie może być dużą próbą cierpliwości, jedzenia czegoś wyjątkowo niesmacznego czy uwag na temat stylu życia młodych ludzi i nieszanowania przez nich tradycji. Zażartą dyskusją czy celną ripostą nie zmienimy ich poglądów podczas rodzinnych spotkań, a atmosfera na pewno na tym ucierpi. W takich sytuacjach najlepiej zastosować fortel: „Mów sobie swoje, a ja i tak wiem swoje", a dyplomatycznie brzmi to tak:

– „Rozumiem, że mają państwo taki pogląd, ja mam odmienne zdanie, ale szanuję państwa opinię na ten temat. A co sądzicie o... (i tu zgrabna zmiana tematu na bezpieczny)".

Chodzi o to, aby niepotrzebnie nie wzbudzać złych emocji i nie ryzykować konfliktu, ale jednocześnie zachować się w taki sposób, żeby samemu czuć się dobrze. Nie ma sensu przytakiwać, kiedy się nie zgadzamy. Chodzi o to, aby zaznaczyć swoje zdanie, ale w sposób spokojny i łagodny. Możemy na przykład grzecznie podziękować za wykwintną pieczeń, gdy jako wegetarianin / wegetarianka widzimy oczami wyobraźni tego biednego zajączka jeszcze tak niedawno swobodnie kicającego po łączce. Warto zrezygnować z wykładu na temat tego, jaką to niewrażliwością wykazują się osoby jedzące mięso. Chyba że zależy nam na popsuciu atmosfery i negatywnym wrażeniu. To jest sytuacja, do której możemy nie dopuścić, wcześniej angażując naszego partnera w działania prewencyjne: „Kochanie, na pewno o tym pomyślałeś, ale tak na wszelki wypadek poproszę, abyś przekazał rodzicom, że nie jem mięsa" .

Od początku, od pierwszej rozmowy na temat waszych bliskich, włączaj partnera w budowanie waszej wspólnej rodziny. To zadanie dla was obojga i wasza współodpowiedzialność.

Dobre relacje rodzinne przekładają się na atmosferę w związku, mają wpływ na nastrój i zachowanie obojga partnerów. Kłótnie na temat „mojej" i „twojej" rodziny są bardzo raniące. Nigdy nie obrażaj bliskich twojego partnera, uwagi na ich temat wyrażaj delikatnie. Pomyśl, jak ty się czujesz, gdy ktoś mówi coś negatywnego na temat osób, które kochasz. Wszystko można powiedzieć na dwa sposoby, tę samą treść można przekazać odmiennie:

– „Twoja matka chyba jest głupia, skoro uważa...",

– „Nie zgadzam się z poglądami twojej mamy..."

– to naprawdę ten sam przekaz, ale wyrażony na dwa różne sposoby.

Pamiętaj, że jesteś wyjątkową i wspaniałą osobą, która zasługuje na szacunek i zaufanie od samego początku! Przede wszystkim wiesz, że dzięki pracy nad sobą zrobisz wszystko, co możesz i co zależy od ciebie, aby go nie zawieść! Prawda?

Pomocne ćwiczenie:

Zastanów się, co w sobie lubisz i cenisz, co uważasz za swój atut, który może ci pomóc zyskać sympatię nowo poznawanych osób. Co, twoim zdaniem, jest twoją mocną stroną w relacjach interpersonalnych? Jakie cechy robią na innych dobre pierwsze wrażenie?

Moje budzące sympatię atuty:	

2.2.2. Przedstawienie rodzinie swojego nowego partnera

Zależy nam na zdaniu naszej rodziny na temat partnera. Chcemy, aby go polubiła, doceniła i dostrzegła to, co my w nim widzimy. To zupełnie naturalne. Nasz partner też przeżywa pierwsze spotkanie, może czuć tremę, jak zostanie przyjęty i oceniony. Dlatego warto od samego początku wesprzeć wszystkie bliskie nam osoby w tym, aby nawiązały pozytywną relację i budowały więź pozwalającą na stworzenie zgodnej i szanującej się rodziny. Gdy ktoś zaczyna być nam naprawdę bliski i myślimy o dalszym wspólnym życiu, warto o tym powiedzieć naszej rodzinie. To często dla niej ważna i bardzo dobra wiadomość. Oni naprawdę chcą naszego szczęścia. Nasi bliscy są ciekawi naszego partnera. Mają też różne obawy, najczęściej wynikające z troski o nas. Rodzice zastanawiają się: „Czy to odpowiednia osoba?", „Czy nie skrzywdzi naszego dziecka?". Czasem mają konkretne oczekiwania, z reguły dość wygórowane. Bywa to nawet zabawne, chociaż może być i uciążliwe:

– „Jakie on / ona ma wykształcenie?",

– „Czym zajmuje się zawodowo?",

– „Czy ma swoje mieszkanie?".

Te pytania mogą być irytujące, gdy kryje się za nimi chęć poznania naszej drugiej połowy pod kątem: „Czy aby to odpowiednia partia?". W takiej sytuacji warto ukrócić te zapędy, ale w sposób delikatny i wyrozumiały: „To wartościowa osoba i jestem pewna / pewien, że to dostrzeżecie i docenicie". Pamiętaj, że te pytania i dociekliwość są podyktowane dobrymi intencjami, nie zawsze jednak są one odpowiednio wyrażone i dlatego, zamiast denerwować się na ciekawską mamę, spokojnie rozwiejmy jej obawy.

Może się jednak zdarzyć, że nasza kochana rodzina ma, delikatnie rzecz ujmując, tendencje do przekraczania granic, czyli mówiąc wprost: do wsadzania nosa w nie swoje sprawy, i wtedy warto od początku wykazać się asertywnością i konsekwencją:

– „Rozumiem, że jesteście ciekawi i martwicie się o mnie, ale proszę, nie ingerujcie w naszą prywatność, jestem dorosłą osobą i chcę, abyście to uszanowali!",

– „Rozumiem, że się martwicie, ale nie wyciągajcie pochopnych wniosków i nie oceniajcie kogoś, kogo nie znacie",

„Rozumiem, że się martwicie, ale zaufajcie mi i pozwólcie się cieszyć szczęściem, które mnie spotkało!".

W trudnych rozmowach, gdy bliscy mówią nam coś, co nas denerwuje, z czym się nie zgadzamy, co nas rani, warto zastanowić się najpierw, dlaczego to robią. Najczęściej wynika to z ich niepokoju i troski i warto to głośno powiedzieć. Dlatego zwrot: „Rozumiem, że martwicie się o mnie..." lub: „Rozumiem, że to, co mówicie, wynika z waszej troski o mnie..." pozwala uspokoić emocje i minimalizuje ryzyko, że wezmą one górę i zamiast rozmawiać, zaczniemy sprzeczać się i obrażać na siebie.

Jeśli opowiesz swoim bliskim o twoim partnerze, szczerze mówiąc, co w nim kochasz najbardziej i dlaczego właśnie tę osobę wybrałaś / wybrałeś, jeśli pomożesz im spojrzeć na niego / nią twoimi oczami, to na pewno dostrzegą to, co ty widzisz, i zrozumieją twój wybór. Jeśli nie, masz prawo do swoich uczuć i tylko czas może pokazać, kto miał rację. Czasem bliscy widzą to, czego my dostrzec nie chcemy lub nie potrafimy. Starają się nas przestrzec, ale zakochanie, będące stanem odurzenia i znacznie odbiegającej od normy percepcji rzeczywistości, skutecznie utrudnia nam realistyczne spojrzenie i ocenę drugiej osoby. Wtedy jesteśmy głusi na argumenty innych i jakikolwiek głos rozsądku. Sami musimy przeżyć rozczarowanie, żeby zrozumieć przestrogi innych.

Gdy bliscy starają się ochronić nas przed kimś, kto z jakiegoś powodu nie budzi ich zaufania, przestrzegają nas, czasem straszą, próbują za wszelką cenę zniechęcić do partnera. Najczęściej zachowanie takie wynika z troski o nas, ale jego forma jest nie do przyjęcia i na to nie powinniśmy się godzić! Po pierwsze, nie wolno nikomu nakazywać tego, co ma czuć, ani zakazywać lub w przykry sposób komentować jakichkolwiek spraw, które dotyczą ważnych dla nas sytuacji i emocji. Po drugie, serce nie sługa i takie zachowanie z reguły przynosi odwrotny skutek. Niezrażeni, jeszcze intensywniej rzucamy się w wir uczuć, bo zakazany owoc smakuje lepiej! Dlatego warto dać szansę relacji i po jakimś czasie, gdy są ku temu podstawy, ocenić, kto miał rację. Jeśli zakochana osoba się nie myliła, warto odłożyć na bok urazy i pamiętać, że troska bliskich czasem ma dość niewygodną formę i niebezpiecznie zbliża się do granicy wtrącania się. Jeśli to sceptyczna rodzina miała rację, to zamiast pomstować „a nie mówiliśmy!" warto dać wsparcie i otoczyć opieką złamane serce. W końcu chyba każdy chociaż raz w życiu źle ulokował swoje uczucia. Przecież po to mamy rodzinę, aby w takich momentach być razem i koić nawzajem swoje smutki!

Pamiętaj: Pomóż swojej rodzinie dostrzec to, co wyjątkowego i cudownego widzisz w ukochanej osobie!

Pomocne ćwiczenie:

Zastanów się, jakie cechy charakteru cenią twoi bliscy w innych ludziach. Na jakie rzeczy zwracają uwagę? Jakie cechy charakteru budzą sympatię i zaufanie twojej rodziny? Jakie cechy robią na nich dobre pierwsze wrażenie?

Cechy charakteru budzące sympatię u mojej rodziny:	

Rozdział 3

„Nas troje” – czyli my i nasze dziecko

Gdy jesteśmy parą, uczymy się siebie nawzajem, ćwiczymy trudną sztukę kompromisów, komunikacji i wzajemnego zrozumienia. Naszą przestrzenią jest „to, co moje", „co twoje" i „co nasze wspólne". Zrozumieliśmy, ile cierpliwości, wyrozumiałości, pokory i dojrzałości wymaga budowanie stabilnego związku. Tak naprawdę cały czas się tego uczymy. To proces, który nigdy się nie kończy. My się zmieniamy, nasze życie pisze różne scenariusze, wystawia nas na liczne próby, dlatego o związek powinniśmy dbać każdego dnia. Codziennym gestem, słowem, uczynkiem umacniamy łączącą nas więź. Wspólnie przechodzimy życiowe perturbacje, dzielimy się smutkami i radościami. Wspieramy się w trudnych momentach i razem odczuwamy szczęście. Nasza codzienność jest pełna ustalonych zasad, jest do pewnego stopnia przewidywalna i to daje nam poczucie bezpieczeństwa. To między innymi pomaga nam radzić sobie z nieuchronnymi zmianami, kryzysami i problemami.

- „Ja po pracy trzy razy w tygodniu chodzę na jogę, a on raz w tygodniu spotyka się z kolegami";

- „W każdy weekend zapraszamy znajomych na wspólne gotowanie";

– „Przynajmniej raz w tygodniu wieczorem idziemy do kina”;

– „Naszym najlepszym sposobem na poprawę nastroju jest dobra kolacja i relaks przy ulubionym filmie”.

Mamy swoje zwyczaje, przyjemności, które składają się na naszą codzienność i stabilizują relację. Każda para żyje swoim rytmem. Przechodzi kryzysy i ewoluuje, gdy wyciąga z nich konstruktywne wnioski.

Nie unikniemy stopniowych zmian związanych z naszym życiem. Sprawiają one, że się rozwijamy i wspólnie dojrzewamy. Są też zmiany nagłe, konfrontujące z koniecznością przystosowania się do nowej rzeczywistości. Zmieniamy pracę, awansujemy, uczymy się, zyskując coraz większe zawodowe kompetencje, poznajemy ludzi, którzy wnoszą coś w nasze życie, doświadczamy trudności, które czynią nas silniejszymi. Tak się zmieniamy i tak zmienia się nasza relacja. Jeśli potrafimy ze sobą rozmawiać, dzielić się swoimi niepokojami, spostrzeżeniami, przeżyciami i emocjami, to żadna zmiana nie zachwieje stabilnym fundamentem naszej relacji. Jeśli wspólnie wyciągamy wnioski, jeśli razem działamy, to każda zmiana nas wzbogaca. Jeśli oboje partnerzy się rozwijają i zmieniają, jednocześnie dbając o relację oraz o wzajemną bliskość i porozumienie, to latami będą się cieszyć wspólną codziennością. Jeśli tylko jeden z partnerów się rozwija, uczy, zmienia, dojrzewa, a drugi nie chce lub nie potrafi dotrzymać mu kroku, to partnerzy oddalają się od siebie, przestają się rozumieć, zaczynają mieć inne wyobrażenie bycia razem, inny pomysł na wspólną rodzinę i ostatecznie rozstanie jest naturalną konsekwencją takiego procesu. Dlatego tak ważne jest wspólne przechodzenie przez życiowe ewolucje i rewolucje i dbanie o to, co we wszelkich zmianach może nas do siebie zbliżyć.

Ewolucji doświadczamy stopniowo i mamy czas się do nich przyzwyczaić. Dużo trudniejsze są rewolucje, czyli zmiany nagłe, takie, które rzadko dają nam możliwość powolnego przystosowania. To one wystawiają nasz związek na największe próby. Największa zmiana, największa radość i największa odpowiedzialność to ta, gdy zostajemy rodzicami! Dlatego tak ważne jest świadome i odpowiedzialne przygotowanie się do tej roli. A gdy nie wszystko zdążyliśmy zrobić, możemy nadrobić te zaległości.

Im stabilniejsza i mocniejsza relacja, im lepsze porozumienie między partnerami, im większa umiejętność dbania o relacje, im większa dojrzałość i samoświadomość, zarówno własna, jak i ta dotycząca relacji i partnera, tym lepsze przygotowanie do bycia rodzicem. W naszą nowo tworzoną rodzinę wnosimy cały bagaż przeszłości, to, co wynosimy z rodzinnego domu, i to, czego nauczyły nas doświadczenia z poprzednich związków. Dlatego tak ważna jest praca nad sobą i nad relacją. To ona pomaga uchronić nasze więzi z partnerem i z dziećmi od obciążeń negatywnych rodzinnych schematów. Wszystko, czego do tej pory się nauczyliśmy, nasza wiedza, nasze doświadczenia, nasza motywacja i energia to przygotowanie do bycia rodzicem.

Dlatego warto zadawać sobie pytania:

– Jakim chcę być rodzicem?

– Jaki chcę stworzyć dom, jaką zbudować rodzinę?

– Jakie wspomnienia dotyczące mojego rodzinnego domu są pozytywne, jakie wzorce chcę powielić?

– Jakie wspomnienia dotyczące mojego rodzinnego domu są negatywne, jakie raniące, jakich wzorców nie chcę powielić?

– O co powinniśmy zadbać, co pielęgnować w naszej relacji, aby stworzyć szczęśliwą rodzinę i być dobrymi rodzicami?

– Co w naszej relacji powinniśmy zmienić, aby stworzyć szczęśliwą rodzinę i być dobrymi rodzicami?

– Co w sobie powinnam / powinienem zmienić, aby stworzyć szczęśliwą rodzinę i być dobrym rodzicem?

Przygotowanie do roli rodzica i dbanie o relację z dzieckiem od poczęcia to wspaniała okazja, aby stać się lepszym, dojrzalszym, mądrzejszym człowiekiem, okazja, aby pracować nad sobą, nad związkiem z partnerem i nad innymi ważnymi rodzinnymi relacjami. To okazja dla całego systemu rodzinnego do wprowadzenia wielu dobrych zmian! Nowe życie to duża szansa na pozytywną zmianę!

Pamiętaj: Nasza samoświadomość, przeformułowanie negatywnych schematów rodzinnych na pozytywne, nasza równowaga emocjonalna i dojrzałość z nią związana, jasne i uczciwe względem obojga zasady naszego związku, nasza wzajemna dbałość o siebie i relację, umiejętność rozmawiania i okazywania sobie uczuć – to przygotowanie do bycia rodzicem. Świadome rodzicielstwo to poczucie odpowiedzialności i wiedza, jak z tej najważniejszej roli w życiu dobrze się wywiązać! Dla siebie i dla swojej rodziny! Dla wspólnego szczęścia!

3.1. Przygotujcie się do roli rodziców

Zdaniem wielu par, największą i najważniejszą zmianą w ich relacji była ciąża i pojawienie się dziecka. Już od momentu poczęcia, a dla części par od momentu planowania ciąży i starania się o dziecko, świadomość, że nie jesteśmy już sami i teraz nasza rodzina to dosłownie „Nas troje", jest bardzo ważna. Dlatego im wcześniej para zadba o swoją relację i o to, co łączy partnerów, wyznaczy granice swojego związku i wypracuje zmiany, które pozwolą zachować bliskość w tej nowej konfiguracji, tym lepiej. To najważniejsze przygotowanie do roli rodzica – ważne dla nas, dla naszego partnera i związku oraz dla naszych dzieci. Bo szczęśliwi rodzice to szczęśliwe dzieci!

Jak pielęgnować relację z partnerem, jak pogodzić nowe obowiązki z tym, co było do tej pory ważne i z czego nie chcemy rezygnować? Jak odnaleźć się w nowej roli rodzica, nie zaniedbując innych ważnych ról? Jak poradzić sobie z naturalnymi w tej sytuacji lękami i obawami? Jak dać sobie nawzajem wsparcie? Czego wymagać od drugiej osoby, na co być przygotowanym? To ważne pytania i im szybciej poszukamy na nie odpowiedzi i znajdziemy własny, najlepszy dla naszej rodziny sposób, w jaki stawimy czoła nowym wyzwaniom, tym mniejsze ryzyko niepotrzebnych konfliktów i nieporozumień.

Włączenie w relację partnerską relacji z dzieckiem to bardzo ważna umiejętność, której możemy się nauczyć. Zrozumienie zmiany, która sprawia, że relacja „Nas dwoje" włącza w swoją przestrzeń relację rodzic–dziecko i nie musi to kolidować z bliskością partnerów, to dla wielu par duże wyzwanie.

Nie zawsze poczęcie dziecka można zaplanować, czasem jest to niespodzianka, która budzi różne emocje, i jest to zupełnie naturalne. Większość rodziców przyjmuje ten fakt z ogromną radością, co nie oznacza, że nie mogą czuć lęku i wielu rozterek związanych z tym nowym i nieznanym etapem w ich życiu. Dlatego poznanie zasad mogących ten czas ułatwić i przygotować na to ogromne wyzwanie to bezcenna lekcja.

Drodzy rodzice! Ci, którzy planujecie nimi zostać, ci, którzy już oczekujecie na ten wspaniały moment, i ci borykający się z niełatwą codziennością wychowywania dziecka – przede wszystkim macie prawo do różnych emocji związanych ze swoją rolą rodzica! Możecie czuć lęk, czy sobie poradzicie, czy będziecie dobrymi rodzicami, czy dacie sobie radę finansowo. Możecie czuć niepokój i niepewność. Trudno wyobrazić sobie tę niedaleką przyszłość, kiedy mały człowieczek będzie absorbował waszą uwagę, oczekiwał waszego wsparcia, a nowe obowiązki dokładnie wypełnią waszą codzienność. Gdy już jesteście rodzicami, wiele sytuacji może być dla was trudnych, wiele może powodować stres i niepotrzebne nieporozumienia. Podekscytowanie może przeplatać się ze smutkiem i poczuciem definitywnego zamknięcia pewnego etapu w życiu. Ten kończący się czas to odpowiedzialność tylko za siebie, brak obowiązków rodzicielskich, które stają się priorytetem, gdy pojawiają się dzieci. Wiele moich Pacjentów, świeżo upieczonych rodziców, przeżywało takie dylematy. Dlatego wspólne poszukiwanie rozwiązań, które pozwolą dbać o relacje, o szczęście obojga rodziców, rozwiązań, które pozwolą przystosować się do nowej codzienności, jest tak ważne. Pamiętajmy, że jesteśmy różni i nie zawsze nasze potrzeby i oczekiwania pokrywają się z tym, czego potrzebuje partner. Dlatego wypracowanie zasad, dotyczących podziału codziennych obowiązków, to kompromis uwzględniający racje obu stron. Jedno z partnerów może szybko i bez trudu odnaleźć się w rodzinnej codzienności, naturalnie wchodząc w rolę rodzica, drugie może potrzebować więcej czasu i większego wsparcia bliskich. Może być tak, że dla jednego ze świeżo upieczonych rodziców nowa codzienność to wielka radość, a dla drugiego wyzwanie i trud przystosowania się do zmiany, która pociąga za sobą wiele wyrzeczeń. To ważne, abyśmy rozumieli, jak partner radzi sobie z nową sytuacją, abyśmy znali swoje ograniczenia i lęki i umieli się wspierać oraz wspólnie poszukiwać rozwiązań potencjalnych problemów.

Rodzicielstwo nie musi być rezygnacją z tego, co dla nas ważne. To nie poświęcenie – to radość, to wartość dodana w naszym życiu, która nas rozwija, a nie ogranicza!

Można tak zaplanować swoją codzienność i obowiązki, poszukać takich rozwiązań, że pogodzimy to, co indywidualne, z tym, co wspólne, czyli związane z rodziną. Wiem, że jest to możliwe!

Pamiętaj: To, co dla ciebie jest łatwe, naturalne, nie musi być takie dla twojego partnera. Możecie mieć różne wizje wspólnego rodzicielstwa i najważniejsze jest to, żebyście znaleźli takie rozwiązania, które pozwolą wam obojgu czuć się dobrze w rodzinnej atmosferze „Was trojga”!

Pomocne ćwiczenie:

Zastanów się, co, twoim zdaniem, jest największym wyzwaniem w byciu rodzicem? A co jest największą radością i szczęściem, według ciebie?

Co jest największym wyzwaniem w byciu rodzicem, według mnie?	
Co jest największą radością w byciu rodzicem, według mnie?	

3.1.1. Oczekiwanie na dziecko

Oczekiwanie na dziecko to ważny i często trudny czas.

– *Wstyd mi się do tego przyznać* – mówiła Anna, będąca w siódmym miesiącu ciąży – *ale czasem bardziej się boję, niż cieszę! Chcieliśmy mieć dzieci, chociaż akurat w tym momencie ich nie planowaliśmy* – śmieje się.

– *Rozumiem, że to była dla was niespodzianka?*

– Tak, niespodzianka... To ciekawe, że nie powiedziałaś tak jak wszyscy: „miła niespodzianka".

– Myślę, że taka niespodzianka może wiązać się z różnymi emocjami, i wspaniałymi, i trudnymi...

– No właśnie. Cieszę się, że o tym mówisz, bo jest mi trudno się do tego przyznać! Naprawdę chcę tego dziecka i się cieszę, że będę mamą, że będziemy rodzicami, ale są momenty...

– Że jest ci ciężko...

– Tak. Jest mi ciężko! Nie mówię o tym nikomu, bo się boję, że ktoś pomyśli, że nie będę dobrą mamą, że się nie cieszę... Mam wrażenie, że od kobiety w ciąży i od pary spodziewającej się dziecka wszyscy oczekują eksplozji radości. „To wspaniale", mówią, „Na pewno bardzo się cieszycie", „Czeka was najpiękniejsza chwila w życiu". A ja częściej czuję niepokój niż radość, nie wiem, co mnie czeka, i bardzo się tego boję. Nie wiem, jaką będę mamą, nie wiem, czy będę dobrą mamą. Muszę ci się do czegoś przyznać... Jest mi trudno o tym mówić, ale czasem zastanawiam się, czy na pewno pokocham to dziecko, bo na razie nie czuję jeszcze tego. To dziwne. Martwię się o nie, czy jest zdrowe, czy wszystko jest dobrze. Chronię je, instynktownie się nim opiekuję, a raczej swoim brzuchem... ale jeszcze nie potrafię sobie wyobrazić siebie w roli mamy. To wszystko mnie czasem przeraża... Czy jest ze mną coś nie tak?

– To zupełnie naturalne, że odczuwasz te wszystkie obawy. To dla ciebie zupełnie nowa sytuacja i masz prawo tak się czuć. Nowa rola, nowe obowiązki, nowe uczucia i odpowiedzialność. To trudny moment i potrzebujesz czasu, aby się do niego przygotować i z nim oswoić. Twoje ciało się zmienia, twój nastrój jest chwiejny, a ty jesteś bardzo wrażliwa i emocjonalna, w dodatku trzeba podjąć wiele trudnych decyzji, przygotować się na przyjście dziecka na świat. To duże zamieszanie, a ty nie zawsze możesz mieć siły czy odpowiedni nastrój, aby się tym zajmować. Przede wszystkim bądź dla siebie wyrozumiała. Nie gań się za to, że czujesz uzasadniony niepokój, że jest ci ciężko i że się boisz tego, co nieznane. Taka postawa jest bardzo ważna. Chodzi o umiejętność wsparcia siebie samej i miłości do siebie. Jeśli chcesz obdarzyć miłością tę istotkę, którą nosisz pod sercem, najpierw pokochaj siebie samą. Daj sobie prawo do słabości, do braku pewności. Zaopiekuj się sobą.

– Jak mam to zrobić? Przecież teraz nie jestem najważniejsza, najważniejsze jest dziecko?

– Jesteś bardzo ważna, ponieważ to od ciebie będzie przez wiele lat, już od tego momentu, zależne twoje dziecko. Ty będziesz na początku jego życia całym jego światem i dlatego tak ważne jest to, aby ten świat był spokojny, szczęśliwy, poukładany. Jeśli dasz sobie prawo do tego, co czujesz, odzyskasz spokój. Jeśli zastanowisz się nad tym, czego tak naprawdę się boisz, łatwiej będzie ci zrozumieć swoje lęki i znaleźć wszystkie możliwe sposoby ich ukojenia. Powiedz sobie na początek: „Mam prawo do

trudnych emocji, mam prawo do lęku przed nową rolą i nowymi obowiązkami. To naturalne, że tak się czuję!".

– Ale jest tyle spraw, które mnie przytłaczają, którymi się martwię. Jak sobie z nimi poradzić?

– Dzięki takiej spokojnej i wyrozumiałej postawie wobec siebie łatwiej będzie ci znaleźć konkretne rozwiązania i sposoby wsparcia siebie samej. Zastanówmy się wspólnie, czego się obawiasz, i razem pomyślmy, co mogłoby chociaż troszkę zmniejszyć twój niepokój?

– Przede wszytki boję się, że nie będę przygotowana na przyjście dziecka na świat. Obawiam się, że sobie nie poradzę ze wszystkimi tymi obowiązkami. Boję się też o relacje ze swoim partnerem, o to, czy między nami się nie popsuje. Martwię się o naszą sytuację finansową. O wiele rzeczy.

– Masz prawo do tych obaw. Teraz razem o każdej z nich porozmawiamy i zastanowimy się, co możecie wspólnie zrobić, abyś poczuła się trochę spokojniej. Mam nadzieję, że po naszym spotkaniu o każdym z tych ważnych tematów spokojnie porozmawiasz z mężem. Może uda się wam coś zaplanować już teraz, co pomoże przygotować się na narodziny dziecka. Może coś wspólnie postanowicie, co troszkę cię uspokoi. Najważniejsze, żebyście wspólnie przygotowywali się na ten wspaniały moment, jakim jest powitanie waszego dziecka na świecie.

Lęki i obawy Anny podziela wiele kobiet, które spodziewają się dziecka. Najważniejsza jest świadomość tego, że mamy do nich prawo i zamiast je zagłuszać i wypierać, trzeba spokojnie się w nie wsłuchać. Lęk często informuje nas o czymś ważnym. To wiadomość, którą warto odczytać i poszukać racjonalnego uzasadnienia sytuacji:

- Czy faktycznie mam się czego obawiać?

- Jaka konkretna trudność sprawia, że czuję niepokój?

- Co mogę teraz zrobić, aby poczuć się trochę spokojniej?

- Co mogę zrobić w najbliższej przyszłości, aby poczuć się spokojniej?

- Czy jest sposób na rozwiązanie potencjalnego problemu, który mnie martwi?

- Co mogę zrobić dla siebie, jak zadbać o siebie, aby poprawić sobie nastrój?

Na te pytania należy spokojnie odpowiedzieć. A ten spokój, chociaż w części, zyskamy dzięki postawie:

„Mam prawo do niepokoju i warto zrozumieć, z czego on wynika, czego się obawiam i spokojnie poszukać wszelkich sposobów, jak poradzić sobie z trudnymi emocjami, które odczuwam".

Należy pamiętać, że te same lęki są udziałem obojga rodziców. Dlatego oboje potrzebują zrozumienia i wsparcia w tym ważnym czasie. Jakie niepokoje mają świeżo upieczeni rodzice?

- Jak zmieni się nasze życie?
- Czy podołamy nowym obowiązkom?
- Czy będziemy musieli zrezygnować z tego, co do tej pory było dla nas ważne?
- Czy będziemy mieli dla siebie czas?
- Czy poradzimy sobie finansowo?
- Czy będziemy dobrymi rodzicami?
- Czy bycie rodzicem nie zmieni naszej relacji, czy nie oddalimy się od siebie?
- Czy coś zmieni się w kwestii seksu i naszej intymności?

Wiele jest pytań i obaw. Tak jak każda nowa sytuacja, narodziny dziecka budzą też lęk i niepokój. „Jak to będzie?" – zastanawiają się świeżo upieczeni rodzice.

W dużej mierze będzie tak, jak sobie to zaplanują i jak się do tego przygotują, wspierając się na każdym z etapów. Oczywiście nie wszystko da się przewidzieć i musimy liczyć się z tym, co nieoczekiwane. Na pewne zdarzenia nie mamy wpływu, innych nie możemy się domyślić. To naturalne i warto mieć tego świadomość. Ważne jest jednak to, że bycie rodzicem to rola, do której można się przygotować, znajdując sposób, jak pokonać własne lęki. Planowanie i działanie to jeden z najlepszych sposobów obniżenia poziomu stresu i zmniejszenia niepokoju. Daje poczucie kontroli nad sytuacją, przywraca poczucie bezpieczeństwa. Co konkretnie możemy zrobić, gdy obawy dotyczą wejścia w nową rolę rodzica?

Oto kilka wskazówek, które pomogły już wielu przyszłym rodzicom:

1. Rozmawiajcie z innymi rodzicami. Odwiedzajcie ich i obserwujcie – jak sobie radzą, pytajcie o ich sposoby rozwiązywania codziennych problemów, ich doświadczenia i uczcie się na ich błędach. Taka wiedza jest na wagę złota.

2. Czytajcie fachową literaturę – poradniki, artykuły, które podpowiadają rodzicom, jak odnaleźć się w nowej roli. Pamiętajcie, że nie należy bezkrytycznie podchodzić do wszystkich rad, w wyborze pomocnych wskazówek kierujcie się intuicją i zdrowym rozsądkiem.

3. Oglądajcie programy dla rodziców, w których eksperci dzielą się swoją wiedzą i doświadczeniem.

4. Rozmawiajcie ze sobą o swoich lękach i emocjach.

5. Zaplanujcie przygotowania: zróbcie listę potrzebnych zakupów na okres ciąży i czas po porodzie. W zrobieniu takiej listy pomogą wam rady innych rodziców i informacje z fachowych poradników.

6. Zaplanujcie działania na najbliższy czas – na okres starania o dziecko, na okres ciąży i ten po porodzie, czyli między innymi przygotowanie wyprawki dla mamy do szpitala i dziecka, niezbędne produkty pielęgnacyjne i wyposażenie kącika dla maluszka, tak aby wszystko było gotowe na powrót ze szpitala.

7. Porozmawiajcie z bliskimi osobami i zapytajcie, kto mógłby pomóc wam przy dziecku, jeśli będziecie tego potrzebować. Takie wsparcie jest bezcenne i warto wcześniej wiedzieć, że spokojnie możecie na nie liczyć!

8. Porozmawiajcie o tym, jak wyobrażacie sobie swoje rodzicielstwo, co jest dla was ważne, z czego nie chcecie rezygnować, a co powinno się zmienić. Powiedzcie sobie o swoich wzajemnych oczekiwaniach i potrzebach. Porozmawiajcie o codziennych obowiązkach, o tym, jak chcecie, aby wyglądała codzienność życia we troje. Nie bójcie się różnic w waszych oczekiwaniach i potrzebach. To nie oznacza konfliktu, po prostu wymaga poszukania kompromisu.

Pamiętajcie, że im lepiej się przygotujecie, wspólnie znajdziecie rozwiązania ewentualnych problemów, tym większe będziecie mieli poczucie kontroli i bezpieczeństwa.

Ten ważny i trudny okres przejścia z etapu „Nas dwoje" do etapu „Nas troje" to dla obojga rodziców duże wyzwanie. Wspólnie podzielają oni wiele obaw, są jednak istotne różnice, o których warto pamiętać, bo mogą niepotrzebnie być źródłem nieporozumień i konfliktów pomiędzy partnerami. Dlatego tak ważne jest wspólne zaplanowanie codzienności, podział obowiązków i pamiętanie o potrzebach wszystkich członków rodziny.

Pomocne ćwiczenie:

Zastanów się, czego najbardziej się boisz w związku z perspektywą zostania rodzicem. Jeśli już jesteś rodzicem, to przypomnij sobie swoje obawy. Jakie one były? Czego dotyczyły? Jeśli dopiero chcesz nim zostać, pomyśl o tym, czego się obawiasz. Postaraj się zaplanować możliwe działania, przygotowania i decyzje, które sprawią, że twój lęk będzie mniejszy. Co może ci pomóc (co ci pomogło lub mogło pomóc) w tym, aby poczuć się spokojniej i pewniej?

Moje obawy dotyczące zostania rodzicem:	
To, co może mi pomóc (co mi pomogło / mogło pomóc) w poradzeniu sobie z obawami:	

3.1.2. Zostać mamą

Zostać mamą to ogromne wyzwanie, ciąża to czas huśtawki nastrojów, to radość i lęk. Dla kobiety ciąża i okres okołoporodowy to ogromna rewolucja. Kobieta może przeżywać silny stres związany z ciążą, perspektywą porodu, zmianami dotyczącymi jej ciała i wahaniami nastroju wynikającymi z gospodarki hormonalnej w ciąży i okresie okołoporodowym. To zupełnie naturalne. Wtedy zaczynamy rozumieć, że świat nas dwojga już nigdy nie będzie taki sam, że od tej chwili w naszym życiu pojawi się nowe istnienie, które wniesie nowy sens, nowe wartości, nowe radości, troski i obowiązki. Już od tej chwili dosłownie jest „Nas troje". Z tą świadomością mogą wiązać się różne emocje, również te trudne.

Oswajanie się z rolą mamy to długotrwały proces. Każda z nas przechodzi go indywidualnie i wyjątkowo. Wiadomość o ciąży to dla wielu kobiet ogromna radość, szczególnie gdy bardzo długo staraliśmy się o dziecko. Ale nawet wtedy radości mogą towarzyszyć pierwsze obawy: „Czy sobie dam radę". Gdy ciąża nie jest planowana, może się pojawić niepokój. Jeśli jest to niespodzianka, to może być trudny moment. Większość z nas czuje, że jest to rewolucyjna zmiana w ich życiu. To może być szczególnie trudne dla kobiet, które zostaną mamami po raz pierwszy, one nie wiedzą, czego się spodziewać. Dlatego tak ważna jest wyrozumiałość, cierpliwość i troska wobec samej siebie.

Warto powtarzać sobie:

- „To naturalne, że się boję”,
- „Mam prawo do niepokoju i niepewności”,
- „Moje potrzeby są ważne, moje samopoczucie i komfort są ważne. Od tego, jak się czuję, zależy zdrowie mojego dziecka”,
- „Moje szczęście jest ważne. Szczęśliwa mama to szczęśliwe dziecko!”.

W tych pierwszych chwilach, jak również przez cały okres ciąży i macierzyństwa, bezcenne są doświadczenia innych kobiet. Kiedyś żyliśmy w rodzinach wielopokoleniowych, w których matki i babki wprowadzały w arkana rodzicielstwa niedoświadczone kobiety, ucząc wszystkiego, co stanowiło kwintesencję macierzyństwa. Były obok – starsze, bardziej doświadczone, służące radą i pomocą. Dlatego warto tę mądrą tradycję kontynuować na miarę naszych czasów. Nasze mamy, ciotki mogą wiele nam podpowiedzieć, a bardziej doświadczone koleżanki czy przyjaciółki uspokoją, doradzą i dadzą wsparcie wtedy, gdy zaczną nas niepokoić wątpliwości. Dlatego bliski kontakt z innymi kobietami, szczególnie w tym okresie, jest bardzo ważny.

Najważniejsze, aby nie zostać samą z dręczącymi wątpliwościami i pytaniami. Wyrozumiały i kompetentny lekarz, przyjaciółka, która poznała już uroki macierzyństwa, i wsparcie rodziny, w tym partnera, to podstawa spokojniejszego i łatwiejszego przejścia przez etap oswajania się z macierzyństwem. To szczególnie ważne, ale też trudne dla tych z nas, które są typami „wojowniczek" – upartych kobiet, które nie lubią prosić o pomoc, które zawsze same sobie radzą. Teraz jest was troje – ty, twój partner i wasze dziecko! Ty, twój partner, wasze dziecko i wasza rodzina, przyjaciele! To najwyższy czas, abyś doceniła fakt, że jesteś częścią większego systemu – czyli społeczności bliskich osób, które mogą być dla siebie źródłem wsparcia. Doceń to! Wykorzystaj! Ucz się brania i dawania!

Funkcjonowanie w rodzinie nie musi pozbawiać indywidualności, ograniczać wolności i przestrzeni potrzebnej do rozwoju, samorealizacji i własnej intymności. To od ciebie zależy, jak się w tej społeczności bliskich osób odnajdziesz. Tak samo od ciebie w dużej mierze zależy, jak odnajdziesz się w nowej roli matki. Daj sobie czas, by przejść przez ten trudny proces. Ucz się siebie, swoich nowych emocji i obowiązków z miłością do siebie i wyrozumiałością wobec własnych lęków i ograniczeń.

Pamiętaj, jest was troje i twój partner jest równie ważny jak ty i wasze dziecko! Nie zapominaj o nim! Kobiety czasem przestają w ogóle zwracać uwagę na swojego mężczyznę, gdy zbyt je zajmie perspektywa macierzyństwa. To zaabsorbowanie nową, wyjątkową sytuacją jest naturalne, ale uczenie się bycia we troje to proces, który zaczyna się już wtedy, gdy perspektywa zostania rodzicami dopiero pojawia się na horyzoncie naszego wspólnego życia! Od samego początku, gdy oswajacie się ze świadomością, że zostaniecie rodzicami, włączaj partnera we wszystko, co jest związane z waszym rodzicielstwem. Nie na siłę, nie na zasadzie przymusu, ale zachęć go, pokaż mu przyjemności płynące z takich przygotowań. Wybierzcie się na wspólne zakupy. Ubranka i akcesoria dla maluchów to istne cudeńka i dużą frajdę sprawia ich wybieranie. Róbcie to razem. Wizyty u lekarza to również momenty, w których może ci towarzyszyć ojciec dziecka. Gdy po raz pierwszy zobaczy je podczas USG, gdy usłyszy bicie serduszka, zobaczysz wzruszenie, które zapamiętacie oboje do końca życia. To piękne i zbliżające do siebie chwile, które budują więź przyszłych rodziców zarówno z dzieckiem, jak i ich własną.

Pamiętaj, że zostając mamą, nie przestałaś być przyjaciółką, kochanką i najbliższą osobą dla twojego partnera! Nie zaniedbuj go, nie zapominaj o nim. Jego potrzeby i niepokoje są równie ważne jak twoje.

Pomocne ćwiczenie:

Przypomnij sobie najwspanialsze chwile przeżyte z twoją mamą. Jakie są twoje najbardziej wzruszające i najlepsze wspomnienia? Jakich sytuacji dotyczą?

Moje najlepsze wspomnienia dotyczące mojej mamy:	

3.1.3. Zostać tatą

Gdy mężczyzna zostaje tatą, przeżywa wiele lęków, czuje, tak jak przyszła mama, i radość, i niepokój.

Czasem słyszę od kobiet: „Do niego chyba nie dociera ta cała sytuacja, czy on ma świadomość tego, że za chwilę zostanie tatą?" albo: „Wszystko jest na mojej głowie, on się zachowuje tak, jakby ta sytuacja w ogóle go nie dotyczyła".

Wycofanie to często mechanizm obronny, gdy sytuacja jest dla nas trudna i gdy nie wiemy, jak mamy się w niej odnaleźć. Wynika z lęku, z poczucia bezradności, z obawy o to, czy sobie poradzimy, z obawy przed krytyką i porażką. To mechanizm, który bardzo często wybierają mężczyźni, gdy rzeczywistość jest dla nich zbyt trudna. Kobiety potrafią pokonać swój lęk. Rozmawiają z przyjaciółkami, płaczą. Mężczyźnie nie wypada histeryzować, musi „po męsku" wziąć się w garść i stawić czoła sytuacji. Takie są normy kultury, w której żyjemy. Na szczęście coraz więcej kobiet potrafi zmierzyć się z wyzwaniami i coraz więcej mężczyzn pozwala sobie na okazywanie uczuć. Nie zmienia to jednak faktu, że mężczyznom w dalszym ciągu trudno jest radzić sobie z emocjami, bo nie zawsze wiedzą, jak mogą je rozładować, czy mogą się zwierzyć ze swoich obaw i przyznać się do niepewności. A pespektywa zostania ojcem to dla wielu wspaniały, ale też niełatwy czas. Dlatego wycofują się i zamykają w swoim świecie. Praca, hobby to ucieczka przed czekającym wyzwaniem. Jeśli kobieta w zachowaniu, które jest dla niej trudne do zniesienia i które ona interpretuje jako „nie zależy mu", „nie dojrzał do roli ojca" dostrzeże lęk i niepewność swojego partnera, łatwiej jej będzie mu pomóc i wesprzeć go w konfrontacji z nową rolą. A najlepiej zrobić to, angażując go do przygotowań, i pozwolić mu się wykazać. Większość mężczyzn to zadaniowcy i poprzez działanie realizują się i odreagowują napięcie. Poczucie bycia potrzebnym czy pomocnym jest bardzo ważne, szczególnie dla przyszłego taty, dlatego przygotowania do powitania malucha na świecie i włączenie w nie partnera to doskonały sposób na złagodzenie kryzysu, który tak wiele par przechodzi po narodzinach dziecka.

Wspólne przygotowania dają kobiecie poczucie bezpieczeństwa, są dla niej dowodem troski i zaangażowania ze strony partnera, a dla przyszłego taty to możliwość poczucia się potrzebnym, ważnym i odpowiedzialnym za rodzinę.

Tak zwany syndrom wicia gniazda, który obserwujemy u kobiet najczęściej w trzecim trymestrze ciąży, to doskonały czas na realizację planu: „Przygotowanie do powitania malucha na świecie". Kobiety często oddalają się w tym czasie od swoich partnerów, zaabsorbowane przygotowaniami i skoncentrowane na sobie i dziecku. Jeśli już w tym czasie partnerzy oddalają się od siebie, mężczyzna czuje się zepchnięty na drugi plan, pomijany, odrzucony, to po porodzie sytuacja może się pogorszyć i para doświadczy częstego kryzysu związanego z relacją i trudnościami w przystosowaniu się do nowej sytuacji. Kryzys ten mężczyźni odczuwają najczęściej jako brak zainteresowania ze strony partnerki, a kobiety jako brak zaangażowania ze strony mężczyzny. To bardzo trudna sytuacja, a paradoksalnie oboje świeżo upieczeni rodzice chcą tego samego, czyli wspólnego zaangażowania w rodzinne życie oraz bycia ważnym dla partnera i kochanym przez niego.

Dlatego tak ważne jest rozmawianie o swoich oczekiwaniach i obawach jeszcze przed porodem. Jeśli kobieta pyta i uważnie słucha swojego partnera, jeśli dowie się, czego on się obawia i oczekuje, jaka jest jego wizja ojcostwa i wspólnego rodzicielstwa, co może mu pomóc w odnalezieniu się w nowej sytuacji, to z pewnością parze będzie łatwiej poradzić sobie z naturalnymi emocjami i potencjalnymi trudnościami, których rodzice doświadczają w tym wyjątkowym czasie.

Rola ojca jest równie ważna jak matki. Ma on te same prawa i te same obowiązki. Powinien być na równi włączany w opiekę nad dzieckiem i z jego zdaniem powinno się liczyć tak samo jak ze zdaniem matki. Mężczyźni mają taki sam potencjał do bycia wspaniałymi rodzicami jak kobiety i wystarczy dać im szansę: włączyć w opiekę nad dzieckiem i wspierać budowanie wzajemnej więzi.

Pamiętajmy, że tak jak każda relacja, więź pomiędzy ojcem a dzieckiem powinna być pielęgnowana, a dbanie o tę relację powinno zacząć się od pierwszych dni, gdy mężczyzna dowiaduje się, że zostanie tatą.

Pomocne ćwiczenie:

Przypomnij sobie najwspanialsze chwile przeżyte z twoim tatą. Jakie są twoje najbardziej wzruszające i najlepsze wspomnienia? Jakich sytuacji dotyczą?

Moje najlepsze wspomnienia dotyczące mojego taty:	

3.1.4. Nauka życia we troje

Pamiętam jednego z partnerów mojej Pacjentki – Moniki, który podczas ich wspólnej sesji, gdy przychodzili do mnie, aby uporać się z poważnym kryzysem w ich związku, w końcu odważnie wyznał:

– *Tak, kłócimy się teraz często. Tak, odsunąłem się od mojej żony. To prawda, coraz później wracam do domu, coraz bardziej zamykam się w sobie! Ale jestem na nią i chyba na całą tę sytuację po prostu zły. Odkąd staramy się o dziecko, nic innego dla niej się nie liczy. Nie ma innego tematu. Ona jest jak zaprogramowana na tryb „robimy dziecko". Seks zaczął być obowiązkiem. Zero spontaniczności, zero przyjemności. Mechaniczna czynność nastawiona tylko na jedno – zapłodnienie. To okropne. Czuję, jakby moja żona traktowała mnie przedmiotowo! Mam tego dość. Nie jestem maszynką do robienia dzieci, która na zawołanie ma spełnić swój obowiązek! To mnie upokarza. Nie mam ochoty na seks, nie mam ochoty wracać do domu!*

– *Jak możesz tak mówić* – zaczęła płakać Monika – *oboje chcieliśmy mieć dziecko! Wiesz, jakie jest to dla mnie ważne, jak bardzo pragnę zostać mamą! Jesteś egoistą, myślisz tylko o sobie!*

– *To ty myślisz tylko o sobie! Nie liczysz się z moimi uczuciami, zacząłem służyć ci do jednego celu i tylko to się dla ciebie liczy!*

– *Przepraszam, muszę wam przerwać* – wtrąciłam się – *ale boję się, że ta kłótnia to kolejny krok, który może was od siebie oddalić. Próbujecie powiedzieć sobie ważne rzeczy, ale nie słuchacie siebie nawzajem. Oboje koncentrujecie się na swoich emocjach, żalach, pretensjach i potrzebach, pytanie, czy dostrzegacie emocje i potrzeby drugiej osoby? Monika mówi o swoim marzeniu i o tym, jak jest to dla niej ważne, Rafał próbuje powiedzieć, jak się czuje w sytuacji, gdy ma poczucie, że zaczął być traktowany instrumentalnie, a jego uczucia nie są ważne. W tej trudnej sytuacji jest was dwoje i oboje jesteście ważni, oboje pragniecie, aby wasz świat to było „Was troje", i tym bardziej należy nauczyć się dostrzegania i rozumienia potrzeb bliskiej osoby. Pragnienia nasze i naszych bliskich nie muszą się wzajemnie wykluczać. Mogą się przecież uzupełnić. Można wspierać się we wspólnym celu z poszanowaniem uczuć drugiej osoby. Przecież wam obojgu chodzi o to samo, o wspólne szczęście? Moniko, czy możesz spokojnie powiedzieć, co, twoim zdaniem, może czuć twój mąż, jak myślisz, czego mu brakuje i za czym tęskni?*

– Wiem, że on też chce mieć dziecko. Pragniemy tego oboje. Myślę, że cały czas bardzo się kochamy. Ja faktycznie jestem zaabsorbowana całą tą sytuacją i przestałam dbać o naszą relację. Też jest mi z tym ciężko. Nie chcę, żeby czuł się traktowany przedmiotowo. Przykro mi, jeśli tak to odbiera. Po prostu bardzo chciałam zajść w ciążę, myślałam, że to poprawi sytuację między nami.

– Dziecko nie może służyć poprawie sytuacji. Zanim zostaniecie rodzicami, byłoby dobrze, gdybyście zbliżyli się do siebie i dali sobie tak potrzebne wsparcie i uwagę. Jeśli wasz świat ma być światem „Was trojga", to najpierw na nowo musicie odnaleźć siebie nawzajem.

Monika i Rafał, jak wiele par starających się o dziecko, przechodzili trudny czas. Zamiast jeszcze bardziej zbliżyć się do siebie, zaczęli się oddalać, koncentrując się na własnych emocjach i pretensjach. Kryzys, który przechodzili, był ważną lekcją przygotowującą ich do rodzicielstwa. Była to lekcja trudna i bolesna, ale konieczna. Zrozumieli, że bycie razem to równowaga pomiędzy emocjami i potrzebami każdej z osób. Monika zrozumiała, jak mógł się czuć jej mąż, gdy ona przestała zauważać jego potrzeby i emocje, a on nauczył się spokojnie mówić jej o tym, co go rani. Przede wszystkim poczuli i zrozumieli, że bycie rodzicami, począwszy od momentu przygotowywania się i starania o dziecko, to wspólne wyzwanie, wspólne szczęście i wspólna droga. To okazja do bycia jeszcze bliżej siebie. To wzbogacenie wspólnej przestrzeni o nowe uczucia i potrzeby.

Życie we troje to również troska o partnera, to zwracanie uwagi na jego potrzeby, niepokoje, troski i uczucia. Nowa miłość nie wypiera dotychczasowej, dziecko nie zajmuje niczyjego miejsca. Świat „Nas trojga" to świat bogatszy, ale nigdy kosztem tego, co było do tej pory ważne! Im wcześniej to sobie uświadomimy, tym lepiej.

Wielu parom towarzyszyłam w kryzysie, którego doświadczyli już po urodzeniu dziecka. Często słyszę:

– „Ona przestała mnie zauważać, liczy się tylko dziecko!";

– „On mnie w ogóle nie wspiera, wszystko jest na mojej głowie!".

Taki kryzys jest naturalny, ponieważ jest odpowiedzią na dużą zmianę. Nie musi jednak przebiegać burzliwie, może być okresem łagodnej transformacji, w którym potrafimy sobie radzić z różnymi emocjami i zbliżamy się do siebie połączeni wspólnym celem i wspólnym szczęściem. Dbanie o relację, szczególnie w tak ważnych momentach, to najlepszy sposób na to, aby wszelkie zmiany i trudne okresy dla związku przechodzić w sposób, który zbliża, a nie dzieli.

Dbanie o relację to troska o drugą osobę, o jej szczęście i potrzeby. Od początku bycia rodzicem, od ciąży, dbajcie o wspólnie spędzany czas i o swoje wspólne przyjemności. Rodzicielstwo nie jest utratą wolności, ograniczeniem i rezygnacją z siebie. Oczywiście wymaga innej organizacji czasu i włączenia w codzienność nowych obowiązków, ale nie powinno to odbywać się kosztem waszej relacji i szczęścia. Takie połączenie potrzeb wszystkich członków rodziny i ich indywidualnej przestrzeni jest możliwe. Uwierzcie mi.

Pamiętajcie: Praktyczna organizacja, czyli pragmatyczne podejście, to dobry sposób na poradzenie sobie ze stresem i przygotowanie się do rodzicielstwa. Gdy czeka nas jakieś wyzwanie, gdy mamy ważny cel do osiągnięcia, gdy chcemy stawić czoła nowej sytuacji, bardzo ważne jest odpowiednie przygotowanie. Dlatego zawczasu zastanówcie się między innymi nad tym, jaki zakres rodzicielskich obowiązków warto omówić, zaplanować i podzielić między siebie, co warto kupić przed urodzeniem dziecka i jak warto urządzić jego pokój czy kącik, najlepiej miesiąc przed terminem porodu, z kim warto porozmawiać i poprosić o ewentualną pomoc w opiece nad dzieckiem. Dobrze przygotowani, z radością powitacie na świecie swojego malucha! A dbając o siebie nawzajem, o swoje przyjemności i wspólnie spędzany czas, przywitacie go spokojni i szczęśliwi. Kochający się rodzice to największe szczęście dla dziecka!

Pomocne ćwiczenie:

Dbanie o wspólną przestrzeń, wzajemną bliskość i intymność relacji to dbanie o wspólne przyjemności i wspólnie spędzany czas. Im więcej obowiązków i kłopotów, tym jest to trudniejsze, ale równocześnie powinno być to też ważniejsze. Im wcześniej para nauczy się pielęgnowania relacji, tym mniejsze ryzyko, że kolejne wyzwania, zamiast zbliżyć, oddalą od siebie partnerów i sprawią, że ich codzienność stanie się pasmem obowiązków, pozbawiając ich tego, co tak cenne, czyli radości z bycia razem. Dbanie o związek to między innymi stosowanie się do zasady: „Zawsze, cokolwiek by się działo, znajdujemy czas tylko dla siebie!”. Dlatego wprowadźcie taki zwyczaj i postarajcie się, aby stał się on waszym codziennym rytuałem. To nie jest trudne, wręcz przeciwnie, jest bardzo przyjemne i jak każda przyjemność szybko wejdzie wam w krew!

Nasze codzienne chwile tylko dla siebie

Codziennie postarajcie się pobyć tylko razem, to może być kilkanaście minut, może godzinka, może dłuższa chwila, tyle, na ile czas i obowiązki wam na to pozwolą. Chodzi o bycie tylko dla siebie, o uwagę poświęconą tylko sobie nawzajem. Nie myślcie wtedy o pracy, o obowiązkach, o dzieciach, myślcie o sobie i o tym, jak jest wam razem teraz, w tym momencie. Skoncentrujcie się na tej wspólnej chwili i na swojej bliskości. To może być wspólna kąpiel, kolacja we dwoje, wspólnie wypita poranna kawa, spacer, rozmowa przy obiedzie. Zwróćcie uwagę na to, aby każdy dzień miał taki ważny punkt: czas tylko dla nas. Zaplanujcie tę chwilę, tak jak planujecie inne istotne rzeczy. Wpiszcie sobie taki punkt w kalendarzu każdego dnia: „Chwila tylko dla nas” i tu zapiszcie wasz pomysł na ten wyjątkowy moment.

Poniedziałek Chwila tylko dla nas:	
Wtorek Chwila tylko dla nas:	
Środa Chwila tylko dla nas:	
Czwartek Chwila tylko dla nas:	
Piątek Chwila tylko dla nas:	
Sobota Chwila tylko dla nas:	
Niedziela Chwila tylko dla nas:	

3.1.5. Powitanie na świecie dziecka

„Witamy cię na świecie, kochanie" – przywitajcie waszego malucha z radością i miłością. Na przekór lękom czy potencjalnym trudnościom. To jedna z najpiękniejszych chwil w waszym życiu! Od pierwszych sekund budujcie z nim głęboką więź. Moment, gdy nowo narodzone dziecko zostaje położone na piersi matki, a tata przecina pępowinę, jest mistyczny. To magia życia! To ogromne szczęście móc go doświadczyć.

Relacja rodzic–dziecko jest najbardziej trwała i najsilniejsza w naszym życiu. W różne role wchodzimy, czasem je zmieniamy. Możemy przestać być czyimś przyjacielem / przyjaciółką, kochankiem / kochanką, mężem / żoną. Różnie układają się nasze losy i relacje z ważnymi dla nas osobami. Rodzicem jesteśmy do końca życia. To najważniejsza i najtrudniejsza z naszych życiowych ról. Dlatego przygotowanie się do niej, samoświadomość, poczucie odpowiedzialności i chęć nauki są tak istotne.

Życia we troje musimy się nauczyć. Niektórym parom przychodzi to łatwiej, innym trudniej. Im wcześniej zaczniemy spokojnie o tym myśleć, rozmawiać i przygotowywać się do tego momentu, tym lepiej. Najważniejsza jest postawa „my" – czyli razem, wspólnie czekamy na narodziny dziecka i dzielimy się odpowiedzialnością. Należy rozmawiać i szczerze dzielić się swoimi obawami, wyobrażeniami i planami.

Gdy planujemy ciążę, gdy się staramy o dziecko, w czasie ciąży i gdy witamy na świecie nowego człowieka, razem podejmujemy decyzje, wspólnie otaczamy dziecko troską i miłością. „Nas troje" – to przestrzeń równoprawnych, związanych ze sobą do końca życia, kochających się ludzi. Na początku dwoje opiekuje się jednym, a potem ono otacza opieką swoich rodziców potrzebujących wsparcia z racji wieku. To piękny schemat życia w rodzinie. Najpierw my, rodzice, dajemy – miłość, troskę, uwagę, a potem otrzymujemy to od naszego dziecka. I nie chodzi o podejście: inwestycja, która się zwraca. To nie transakcja! Chodzi o tak zwaną ekonomię uczuć – im więcej miłości dajesz, tym więcej otrzymujesz.

Od pierwszych chwil życia dziecka budujemy z nim więź. Ta relacja, oparta na miłości, wyrozumiałości, empatii i trosce, to fundament życia rodzinnego, mocny filar, który będzie dla nas oparciem do końca życia. Pamiętajmy, że dla naszego dziecka w pierwszych latach jego życia jesteśmy całym światem. Ta mała istotka jest zupełnie zależna od swoich rodziców. Jest bezbronna, niewinna, delikatna. Potrzebuje naszej uwagi i delikatności. To, jak przywitamy ją na tym świecie i jaki świat jej stworzymy, odciśnie piętno na całym jej życiu, ale też na naszym. Dzieci pamiętają wczesną relację z rodzicami. Nie są to wspomnienia wyraźne, świadome, często pojawiają się w ich snach, wyrażają się w ich niepokojach i nastrojach w dorosłym życiu i chociaż trudno je dopasować do konkretnych sytuacji, wciąż mają wpływ na relację z rodzicami. Moi Pacjenci często się zastanawiają:

– Skąd się wzięły moje lęki?

– Dlaczego tak bardzo boję się bliskości?

– Dlaczego tak trudno mi zaufać innym?

Wiele naszych trudności, smutków i zahamowań ma swoje źródło we wczesnym dzieciństwie i nawet jeśli nie pamiętamy sytuacji, które nas ukształtowały, to podświadomie czujemy, że to właśnie najwcześniejsze doświadczenia stały się fundamentem, na którym zbudowaliśmy naszą osobowość. Dlatego odpowiedzialność spoczywająca na rodzicach to nie tylko obowiązki związane z pielęgnacją dziecka, zapewnieniem mu bezpieczeństwa, ale także zadbanie o jego prawidłowy rozwój psychiczny, emocjonalny i zbudowanie takiej relacji, która będzie stanowić podstawę jego poczucia własnej wartości, samooceny, stabilności emocjonalnej i społecznych kompetencji.

Pamiętajmy, że budowanie relacji z dzieckiem ma miejsce od pierwszych chwil jego życia. Pierwsze słowa, pierwsze decyzje, pierwsze czułe gesty – od początku świadomie i odpowiedzialnie budujmy więź rodzic–dziecko. Od tego momentu jest w domu „Nas troje"! Oboje rodzice są współodpowiedzialni za wychowanie dziecka. Mają takie same prawa i takie same obowiązki. Dlatego nigdy nie deprecjonujmy partnera jako rodzica, zawsze wspólnie podejmujmy decyzje dotyczące dziecka, razem omawiajmy każdy problem i szukajmy rozwiązań. Wspierajmy się w rodzicielstwie. Bycie rodzicami zbliża partnerów, umacnia ich relację. Już zawsze będzie ich łączyło bycie rodzicami. Dlatego wspólne rodzicielstwo trzeba oprzeć na szacunku, współpracy, wsparciu i ustalonych razem zasadach.

Pamiętajcie: Rozmawiajcie ze sobą, ustalcie podział obowiązków. Nie zapominajcie o okazywaniu sobie czułości, uczcie się roli rodzica, jednocześnie pielęgnując związek i nie zaniedbując roli partnera!

Pomocne ćwiczenie:

Jakie obowiązywały w twoim domu rodzinnym zasady dotyczące wychowania, które uważasz za pozytywne, które korzystnie wpłynęły na ciebie?

Pozytywne zasady dotyczące wychowania, obowiązujące w moim domu rodzinnym:	

3.2. Dbajcie o związek i partnera właśnie dlatego, że zostaliście rodzicami!

Aby w natłoku codziennych obowiązków nie zaniedbywać związku i partnera, trzeba pamiętać o drugiej osobie, o trosce o nią i okazywaniu jej każdego dnia, jak jest dla nas ważna. Szczególnie gdy stajemy się rodzicami, od pierwszych chwil życia we troje należy dbać równolegle o relację, tak aby szczęśliwi partnerzy byli szczęśliwymi rodzicami. Spełniony w relacji rodzic ma siłę i energię, aby sprostać wyzwaniom rodzicielstwa!

Codziennie dbamy o relację, każdym gestem i słowem pielęgnujemy łączącą nas więź. Im bardziej jesteśmy zmęczeni, tym więcej uwagi i troski powinniśmy poświęcić związkowi, bo przytłoczeni obowiązkami, łatwo możemy zaniedbać najbliższą osobę i oddalić się od siebie!

Rodzicielstwo to nie tylko cudowne chwile, wzruszenia i radość. To również zmęczenie, niewyspanie, rozdrażnienie, niepewność i stres. Łatwo wtedy o spięcia i nieporozumienia. Nowa rzeczywistość konfrontuje nas z nowymi obowiązkami, wymaga zmiany trybu życia, hierarchii ważności, rezygnacji z wielu przyjemności. Dlatego oprócz wzajemnego wsparcia i podziału obowiązków tak ważna jest troska i uwaga poświęcana partnerowi. Wiele par z czasem zaniedbuje relację, szczególnie kiedy ona ulega zmianom. I właśnie narodziny dziecka są takim czasem próby dla związku. To od dojrzałości partnerów, od ich samoświadomości zależy, czy tę próbę przetrwają!

Pielęgnowanie relacji to wspólne spędzanie czasu, to pytanie o nastrój, emocje i troski partnera, to uważne słuchanie tego, co ma on do powiedzenia, to pamiętanie o jego potrzebach, to powstrzymanie się przed raniącymi słowami i surową krytyką, to dbanie o wspólne przyjemności, to czułe gesty i miłe słowa, to mówienie o tym, że ktoś jest dla nas ważny i że go kochamy.

Dbanie o relację w kontekście rodzicielstwa to wzajemny szacunek i wspólne stanowisko w kwestiach wychowawczych. To ważne, aby wasze dzieci dorastały w domu, w którym rodzice się szanują, w którym ustalają razem zasady ich wychowywania, potrafiąc znaleźć kompromis w spornych kwestiach. Dlatego nigdy nie kłóćcie się przy dzieciach, nie nastawiajcie dzieci przeciwko jednemu z was, uczcie je szacunku do obojga rodziców. Bądźcie zgodni, konsekwentni i jednomyślni w ważnych kwestiach dotyczących funkcjonowania waszej rodziny. Bądźcie sprawiedliwi w stosunku do każdego mieszkańca waszego domu, niezależnie od jego wieku. Dbanie o dobrą atmosferę domową to również dbanie o relację. Szczęśliwy dom to dom, w którym zasady są jasne, w którym panuje spokój i równowaga. Jeśli zadbacie o to w swojej relacji, to stworzycie taki dom waszym dzieciom. One uczą się, naśladując rodziców. Jeśli chcecie wychować je na ludzi uczciwych, pełnych empatii, czułych i troskliwych, szanujących potrzeby innych, potrafiących zaopiekować się bliskimi osobami, to tacy bądźcie wobec siebie!

Ważne jest to, że dbanie o relacje to nie tylko warunek konieczny, by stawić czoła niełatwej codzienności, to również sama przyjemność. Spróbuj, a przekonasz się, że nie jest to trudne, a za to bardzo przyjemne!

Pomocne ćwiczenie:

Codziennie powiedz do swojego partnera coś miłego. Powiedz komplement, zwróć uwagę na coś pozytywnego, powiedz, co do niego czujesz. Zauważ, jak na twoje „słowa miłości" reaguje partner, jakie to budzi w nim emocje, jak na to odpowiada. Zauważ, jak ty się czujesz, gdy mówisz coś miłego do drugiej osoby. Jak wpływa to na twój nastrój? Jaki ma wpływ na atmosferę w domu?

Moje „słowa miłości”:	
Reakcja drugiej osoby:	
Moje samopoczucie:	
Atmosfera w domu:	
Wnioski:	

3.2.1. Dziadkowie, ciocie, wujkowie – czyli rodzinne nastroje kontra świeżo upieczeni rodzice

Przyjście na świat nowego członka rodziny to dla wszystkich ogromna radość i duże emocje. Nasi bliscy chcą uczestniczyć w tym wydarzeniu, starają się być pomocni i zaangażowani. Większość ich zachowań, czasem męczących, czasem denerwujących, wynika z dobrych chęci. Chcą pomóc, są ciekawi, czują się odpowiedzialni i chcą uczestniczyć w przygotowaniach i powitaniu malucha na świecie. Jeśli zrozumiemy te intencje i postaramy się z tej perspektywy ocenić sytuację, będzie nam łatwiej wykazać się asertywnością wobec bliskich, jednocześnie nie sprawiając im przykrości. Będziemy też potrafili skorzystać z pomocy, która może być w tych wyjątkowych chwilach bardzo cenna, tak jak wsparcie w opiece nad dzieckiem i wychowaniu go. Jeśli jesteśmy pozytywnie nastawieni i rozumiemy, skąd biorą się codzienne telefony, zbyt częste wizyty, odwiedziny bez zapowiedzi, natrętne rady czy wręcz pouczanie, wtedy zamiast nerwowo reagować na próby pomocy, podziękujemy za rady i powiemy, że mamy swój pomysł na wychowywanie dziecka, a jeśli będziemy mieli jakiś kłopot czy wątpliwość, chętnie zapytamy o ich zdanie. Zamiast denerwować się, że najbliżsi nie dają nam spokoju i się narzucają, powiemy, że chętnie ich zaprosimy, ale za kilka tygodni, jak dziecko będzie większe, bo dla takiego maluszka odwiedziny i kontakt z innymi osobami niż rodzice to duże przeżycie i najlepiej, jeśli ma on czas na stopniowe oswajanie się ze światem, który dopiero poznaje. Jeśli od samego początku jasno określimy zasady, zaznaczymy, że to my jesteśmy rodzicami i to my podejmujemy decyzje, że mamy swoje zdanie na temat wychowywania dzieci, a nasz dom to nasze terytorium, to unikniemy trudnych sytuacji w przyszłości, gdy chęć pomocy ze strony dziadków ewoluuje do stwierdzenia, że „my wiemy lepiej, bo my już was wychowaliśmy, a wy dopiero się uczycie".

Gdy „Nas dwoje" stają się rodzicami, zaczynają pełnić najbardziej odpowiedzialną rolę w swoim życiu. Jesteśmy bardzo przejęci, często odczuwamy wiele trudnych emocji: lęk, niepewność, poczucie nieodwracalności tej wspaniałej, ale też bardzo stresującej sytuacji. Potrzebujemy czasu, aby oswoić się ze zmianą. A stanie się rodzicem zmienia bardzo wiele. Wymaga od nas nie tylko innej organizacji codziennego życia, zmienia również system naszych wartości, bo od momentu, gdy zaczynamy czuć miłość do dziecka, pojawia się przekonanie, że jest ktoś najważniejszy dla nas i ktoś od nas zupełnie zależny. Mała istotka na wiele lat jest centrum naszego świata – dosłownie. Na niej skupiamy naszą uwagę i do niej się dostosowujemy. Utrzymanie równowagi w rodzinie i zadbanie o relacje z innymi bliskimi osobami jest wtedy szczególnie dużym wyzwaniem. Dlatego trzeba się o to zatroszczyć od pierwszych chwil bycia rodzicem. Musimy jednocześnie wyznaczać granice swojego terytorium i pielęgnować relacje rodzinne, a to niełatwe zadanie.

Pomaga w tym otwarta i szczera postawa, która przejawia się w konsekwencji i dobrej komunikacji. Najważniejsze jest to, aby partnerzy wspierali się w podejmowaniu wspólnych decyzji, konsultowali je ze sobą i w relacji z rodziną podkreślali postawę: „Jesteśmy rodzicami, którzy się nawzajem szanują, wspierają i wspólnie decydują o swoim dziecku. To my jesteśmy za nie przede wszystkim odpowiedzialni i razem stanowimy o tym, co dotyczy naszego domu i naszej rodziny".

Zasady dobrej komunikacji, szczególnie w sytuacjach, gdy silne emocje mogą utrudniać nam wzajemne zrozumienie, polegają na przestrzeganiu reguły: mów spokojnie i na temat, powiedz szczerze, jakie są twoje oczekiwania, potrzeby i twoje stanowisko, podkreśl, że rozumiesz dobre intencje drugiej strony, i spokojnie określ swoje granice.

Jeśli teściowie chcą odwiedzić was w pierwszych dniach po porodzie, a wy z różnych względów tego nie chcecie, to możecie powiedzieć:

– „Rozumiemy, że chcecie jak najszybciej zobaczyć wnuczka / wnuczkę, to zrozumiałe. Na pewno jesteście bardzo ciekawi i już nie możecie doczekać się pierwszego spotkania. Dziękujemy za troskę i zaangażowanie. Dla nas jest to wyjątkowy czas i potrzebujemy chwili tylko dla siebie. Te pierwsze dni na świecie malucha są dla wszystkich dużym przeżyciem i jak tylko poczujemy, że możemy was zaprosić, to od razu to zrobimy. Teraz jeszcze jest dla nas za wcześnie na spotkanie i prosimy, abyście to uszanowali. Jesteśmy pewni, że to zrozumiecie, przecież sami jesteście rodzicami i pamiętacie, jak ważny jest ten czas tuż po narodzinach. Poczekajcie cierpliwie, na pewno niedługo się wszyscy spotkamy".

Bardzo ważne jest używanie w rozmowach z rodziną słowa: „my". Jest nas dwoje, stanowimy związek, w którym zdanie obojga partnerów jest istotne. Szczególnie w momentach związanych z ważnymi decyzjami, trudnymi emocjami i rodzicielstwem powinniśmy podkreślać to, że jesteśmy parą i razem jesteśmy za nas i nasze dzieci odpowiedzialni. W ten sposób wyznaczamy granice relacji, w konfrontacji z rodzicami i teściami podkreślamy naszą współodpowiedzialność i zasadę: „My i nasze dzieci to nasz dom i my o nim decydujemy". Dlatego warto używać sformułowań:

- „razem postanowiliśmy";
- „wspólnie zdecydowaliśmy";
- „chcę to skonsultować z moim mężem / z moją żoną".

Czasem trzeba dosłownie chronić swój dom przed rodziną, nie zawsze respektującą zasady, które razem z partnerem ustaliliśmy i które dotyczą naszego wspólnego życia, naszego związku, rodzicielstwa czy jakiejkolwiek ważnej dla nas sprawy. Dlatego oprócz dobrej komunikacji ważna jest nasza stanowczość i konsekwencja w postawie i podejmowanych wspólnie decyzjach. Przede wszystkim nasza zgodność, nasze współdziałanie, które pokazuje rodzinie siłę relacji i wzajemnego uczucia. Jeśli razem z partnerem podjęliśmy jakąś decyzję, to nie wolno jej cofnąć jednemu z nas, szczególnie jeśli dotyczy to relacji z rodziną. Pamiętam jedną z par, z którymi pracowałam, u której pojawił się poważny kryzys tuż po narodzeniu ich pierwszego dziecka:

– Jestem załamana, nie wiem, co robić. Zamiast się cieszyć, być szczęśliwymi rodzicami, cały czas się kłócimy. Najgorsze jest to, że powodem naszych kłótni są moi rodzice, którzy przecież chcą nam pomóc. Mój mąż tego nie rozumie, zamiast im podziękować, obraża się i sprawia im przykrość.

– W jaki sposób pomagają wam rodzice?

– Często zajmują się synkiem, żebym mogła odpocząć, a jak mój mąż wraca z pracy, to zamiast docenić ich pomoc, jest obrażony na cały świat!

– Czy ustalałaś z mężem zasady pomocy twoich rodziców, czy rozmawialiście na ten temat i wspólnie postanowiliście, w jaki sposób twoi rodzice mogą was wesprzeć?

– Wcześniej, przed narodzinami synka, umówiliśmy się, że rodzice nie będą do nas wpadać bez zapowiedzi i nie częściej niż

raz w tygodniu. Ja jestem bardzo z nimi związana i mojemu mężowi na początku naszego związku chyba przeszkadzało to, że tak często się widujemy, że konsultuję z nimi wszystkie decyzje. To się zmieniło, ale teraz to wyjątkowa sytuacja i on powinien to rozumieć!

– Czy na początku waszego związku rozumiałaś, dlaczego jemu nie odpowiada to, jak wygląda wasza relacja z twoimi rodzicami?

– Tak, byłam jak mała dziewczynka. Trzeba było odciąć przysłowiową pępowinę.

– Ustaliliście, jak możesz spokojnie i asertywnie te zmianę wprowadzić w relację z rodzicami?

– Tak.

– A jak jest teraz?

– No... Tak jak kiedyś.

– Czyli to się zmieniło, a raczej jest tak samo, jak było na początku waszej relacji, a ty nawet nie porozmawiałaś na ten temat ze swoim mężem? Jak myślisz, jak on się z tym czuje?

Pamiętajmy: To, jak rozumiemy intencje bliskich osób i jak komunikujemy swoje potrzeby, czyli w jaki sposób wyznaczamy swoje granice, decyduje o dobrych relacjach i rodzinnych nastrojach, szczególnie w ważnych momentach, w których pojawiają się silne emocje, a do takich należą narodziny dziecka, ważne tematy dotyczące jego wychowywania i sytuacje kryzysowe, gdy dzieje się coś trudnego.

Pomocne ćwiczenie:

Zastanów się, w jakich sytuacjach twoi bliscy (rodzice, teściowie) pod pretekstem pomocy naruszają granice twoje i twojego domu. W każdej z takich sytuacji spróbuj znaleźć pozytywne intencje, którymi się oni kierują, i sformułuj asertywny komunikat, w którym je podkreślisz, ale w którym również zaznaczysz, co powinno się zmienić i jaka jest twoja propozycja zmiany.

Sytuacja, w której moi bliscy naruszają moje granice / granice mojego związku:	
Pozytywne intencje moich bliskich:	
Mój asertywny komunikat:	

3.2.2. Rodzicielska codzienność

Im więcej miłości, tym lepiej. Co nie znaczy, że spokojniej! Gdy w naszym domu jest „Nas troje", powoli przyzwyczajamy się do nowej rzeczywistości. Rodzinne nastroje to wtedy nie lada wyzwanie! Mimo że z czasem mija trema rodziców debiutujących w nowej roli, to codzienność nie jest łatwa. O nie! Wiedzą o tym wszyscy rodzice! Zmęczenie, zamieszanie, podekscytowanie, radość, oswajanie się z domową przestrzenią opanowaną przez dziecięce akcesoria – to realia codzienności, gdy w świat „Nas dwojga" wkracza nowa miłość i zaczynamy tworzyć wspólną przestrzeń, czyli „Nas troje"!

Jeśli zaczęliśmy od prozaicznych przygotowań, czyli dobrej organizacji, to spokojniej odnaleźliśmy się w nowej rzeczywistości. Okres ciąży był czasem ustalania najważniejszych kwestii dotyczących urządzenia pokoju lub kącika dziecięcego, ale jeśli rodzice nie zdążyli tego zrobić, na przykład dlatego że maluch pośpieszył się z przyjściem na świat, mogą teraz zająć się tymi sprawami. Odpowiednio urządzona przestrzeń, która pomaga wygodnie pielęgnować maluszka, najpotrzebniejsze produkty pielęgnacyjne i akcesoria pod ręką to naprawdę ważne kwestie, których przygotowanie pomaga w odnalezieniu się w nowej, rodzicielskiej rzeczywistości. Kolejna ważna sprawa, którą powinniśmy mieć już za sobą, to ustalenie podziału obowiązków. Podobnie jak zakupy i urządzanie domu, omówienie wcześniej tej kwestii pozwala wdrożyć w życie ustalony plan działania po narodzeniu się dziecka. Rozmowa przyszłych rodziców na temat podziału zadań to pierwszy krok, teraz należy uczciwie i konsekwentnie trzymać się umowy.

Wspólna opieka nad dzieckiem to ważna próba dla relacji. Pokazuje, czy możemy sobie nawzajem ufać, czy możemy na siebie liczyć, czy dobrze się znamy i czy nauczyliśmy się dbania o związek i tego, co sprawia, że pielęgnując relację, dajemy sobie nawzajem siłę do stawiania czoła niełatwej rodzicielskiej codzienności.

Aby rodzicielstwo zbliżało, a nie było powodem nieporozumień, przede wszystkim należy przestrzegać ustalonych zasad, realizować plan działania, który partnerzy wspólnie ustalili, i wspierać się w codziennych obowiązkach.

Ważne, aby zaplanowany podział zadań i ustalone reguły były dokładne i dobrze rozumiane przez oboje rodziców. W tym celu warto unikać ogólnych stwierdzeń, takich jak: „będziesz mi pomagał", „będę dawał ci możliwość odpoczynku od codziennych obowiązków", „postaramy się...", „spróbujemy...". Każde niedomówienie, nieokreślenie szczegółów, uogólnienie to potencjalne nieporozumienie. „Ja to inaczej rozumiałem" – słyszymy, gdy szara i niełatwa codzienność weryfikuje nasze ustalenia. Dlatego nasz plan działania to szczegółowa umowa:

1. Jak dzielimy się „nocnymi dyżurami" przy dziecku (kto, kiedy)?

2. Jak dzielimy się obowiązkami związanymi ze sprzątaniem (kto, kiedy, co sprząta)?

3. Jak dzielimy się obowiązkami związanymi z zakupami (kto, kiedy)?

4. Itd.

Im dokładniej się umówimy, tym mniejsze ryzyko nieporozumień. Pamiętajmy, że diabeł tkwi w szczegółach, a codzienność „Nas trojga" nie powinna być piekłem!

Oczywiście wspólne życie we troje i nasze rodzinne nastroje to nie tylko troski i obowiązki. To powinna być również radość, przyjemność i spełnienie. Dlatego tak ważne jest dbanie o relację i o wspólne przyjemności. Rodzice, którzy dbają o swój związek, o siebie nawzajem, którzy okazują sobie uczucia, to szczęśliwi rodzice! A szczęśliwi rodzice to szczęśliwe dzieci! Wystarczy pielęgnować to, co do tej pory było dla pary ważne, było jej intymną przestrzenią. Mimo zmęczenia i braku czasu nie wolno zaniedbywać pielęgnowania relacji.

Aby sprostać trudnym rolom rodzica i partnera, aby z życia rodzinnego czerpać radość i mieć poczucie spełnienia, należy również dbać o siebie. Nie wolno zaniedbywać własnych potrzeb, mimo natłoku obowiązków warto nie rezygnować z tego, co do tej pory było dla nas ważne. Oczywiście nowa codzienność wymaga pewnych ustępstw, nie powinno to jednak nas ograniczać, ale dopełniać. Jest to możliwe, jeśli zastanowimy się nad tym, co jest dla nas ważne, jak chcemy żyć, co daje nam poczucie szczęścia, spełnienia, i postaramy się tak zorganizować nasze życie, że bycie rodzicem i partnerem nie będzie wykluczało bycia sobą! Czyli szczęśliwą i spełnioną osobą, która umie godzić w swoim życiu wszystkie ważne role. Dlatego warto wzmacniać w sobie przekonanie: „Zasługuję na szczęście, moje potrzeby są równie ważne, jak potrzeby pozostałych członków rodziny!".

Budowanie takiego przekonania to codzienna troska o siebie, może ona przejawiać się w drobnych gestach, takich jak sprawienie sobie jakiejś przyjemności, wygospodarowanie chwili na odpoczynek, pochwalenie się za coś, zadbanie o siebie, o swój wygląd, o swoje potrzeby. Do tej pory pokutuje przekonanie, że rodzicielstwo to poświęcenie, że idzie ono w parze z rezygnacją z siebie, ze swoich dążeń i przyjemności. To nieprawda, rodzicielstwo to wspaniałe wyzwanie, to rola, która dopełnia nasze życie, wnosi w nie nową jakość, niczego nam nie zabierając. Szczęśliwy rodzic to osoba, która również kocha i szanuje siebie, która ma kontakt z sobą samym, czyli zna i rozumie swoje potrzeby i daje sobie prawo do ich zaspokajania. Dzięki temu nie tylko ma siłę i motywację do działania, ma również pozytywną energię, cierpliwość, spokój, tak potrzebne w niełatwej codzienności rodzinnych nastrojów.

Pomocne ćwiczenie:

Jakie są, twoim zdaniem, najważniejsze zasady szczęśliwej rodziny? O czym, twoim zdaniem, trzeba pamiętać, co pielęgnować, czego przestrzegać, aby stworzyć szczęśliwą rodzinę?

Według mnie, najważniejsze zasady pomagające budować szczęśliwą rodzinę i troszczyć się o nią to:	

3.2.3. Powitanie na świecie kolejnego dziecka

Już wiemy, jak to jest być rodzicem. Jesteśmy trochę lepiej przygotowani na to wyzwanie, ale to nie znaczy, że mniej się boimy, gdy spodziewamy się kolejnego dziecka.

To ogromna radość, gdy w naszym domu jest nas coraz więcej! Nasza rodzinna przestrzeń z czasem może się coraz bardziej powiększać. Dosłownie miłości i radości, i... obowiązków, trosk i ważnych spraw będzie coraz więcej. Tak się dzieje, gdy spodziewamy się kolejnego dziecka. Już mamy zaprawę w byciu rodzicami, już wiemy, czego spodziewać się w ciąży i gdy na świecie witamy nowego człowieka. Pod tym względem może być nam łatwiej. Są jednak sytuacje, których nie da się przewidzieć, okoliczności losu, które miło lub przykro mogą nas zaskoczyć. Jeśli mamy wypracowane zasady wspólnego życia, jeśli potrafimy ze sobą rozmawiać, szczerze mówić o swoich potrzebach, obawach, emocjach, jeśli potrafimy sprawiedliwie się dzielić codziennymi obowiązkami, również tymi niespodziewanymi, które pojawiają się w naszym życiu, będziemy w stanie sobie poradzić. Stawić im czoła razem – wspólnie! Ważne jest to, że pewne sytuacje i trudności można przewidzieć i dlatego można zaplanować i ustalić, jak poradzić sobie z potencjalnymi wyzwaniami. Czego więc możemy się spodziewać, gdy na świat przyjdzie nasze kolejne dziecko?

Przede wszystkim po raz kolejny sprawdza się zasada – im więcej miłości, tym lepiej! Nowe istnienie, które pokochamy, które dołączy do naszej życiowej przestrzeni, to nie konkurencja, nie stanowi ono zagrożenia dla tych, którzy teraz tak bardzo absorbują naszą uwagę i których obdarzamy miłością. Dylemat rodziców spodziewających się kolejnego dziecka często brzmi tak:

– „Jestem szczęśliwa, że będziemy mieli drugie dziecko, cieszę się, że nasza córka / nasz synek będzie miała / miał rodzeństwo, ale też martwię się i zastanawiam, czy będę je tak samo kochała, czy nauczę się sprawiedliwie dzielić swój czas, swoją uwagę i miłość pomiędzy nich dwoje?".

Lub:

– „Obawiam się, że nie poradzimy sobie z dwójką dzieci. Przy jednym jest nam ciężko, a co dopiero przy dwojgu?".

To naturalne obawy, które dotyczą emocji i kwestii finansowych. Jestem przekonana, że chociaż odczuwacie naturalny niepokój, to jeśli wykorzystacie dotychczasowe doświadczenie i przygotujecie się do nowej roli, czyli bycia rodzicem dwojga dzieci, doskonale dacie sobie radę z tą sytuacją. Przecież już umiecie dzielić pomiędzy siebie obowiązki. Potraficie dbać o siebie i o wasz związek, pielęgnować relacje rodzinne i troszczyć się zarówno o siebie samych, jak i o inne bliskie wam osoby. Rozumiecie mechanizmy i prawa rządzące rodzinnymi nastrojami, Dlatego nie ma się czym denerwować! Razem na pewno dacie sobie radę!!!

Pomocne ćwiczenie:

Zastanówcie się wspólnie, jakie są wasze największe lęki związane z perspektywą zostania ponownie rodzicami. Jeśli już jesteście rodzicami więcej niż jednego dziecka, to przypomnijcie sobie swoje obawy. Jakie one były? Czego dotyczyły? Jeśli dopiero planujecie powiększyć rodzinę, pomyślcie o tym, czego się obawiacie. Postarajcie się zaplanować możliwe działania, zacząć przygotowania i podjąć decyzje, które sprawią, że wasze lęki będą mniejsze. Co może wam pomóc (co wam pomogło lub mogło pomóc) w tym, aby poczuć się spokojniej i pewniej?

Nasze obawy dotyczące zostania ponownie rodzicami:	

To, co może nam pomóc (co nam pomogło / mogło pomóc) w poradzeniu sobie z obawami:	

3.2.4. Patchworkowe rodziny

Są systemy rodzinne, w których wzajemne zależności i rodzinne nastroje tworzą bardzo ciekawą, a czasem i skomplikowaną układankę. To rodziny, gdzie żyjemy w relacji ze swoimi lub/i partnera eks, najczęściej z powodu wspólnych dzieci, czyli tego rodzaju odpowiedzialności, która spoczywa na nas przez całe życie. Kiedy myślę o patchworkowych rodzinach, zawsze przypomina mi się dowcip, który celnie oddaje ich charakter, czy raczej wskazuje na jedną z ważnych kwestii ich dotyczących:

„Kochanie – mówi żona do męża, patrząc zatroskana na grupkę dzieci – moje dzieci i twoje dzieci biją nasze dzieci!".

O podobnym problemie opowiedziała mi na jednej z sesji Ewelina, mężatka, która taką patchworkową rodzinę starała się stworzyć:

– Mam dziecko z poprzedniego związku, pięcioletniego Adasia. Mój obecny mąż ma dwoje dzieci z poprzedniego małżeństwa, ośmioletnią córeczkę i dziesięcioletniego synka. Staramy się, aby dzieci się polubiły, chcemy stworzyć rodzinę, ale to bywa takie trudne.

– Co jest dla ciebie najtrudniejsze?

– Chyba to, że bywam zazdrosna o jego dzieci z poprzedniego związku i mam obawy, czy moje są tak samo jak one traktowane. Chciałabym też, żebyśmy mieli wspólne dziecko, ale nie wiem, czy damy radę z tym wszystkim?

– Dlaczego się obawiasz, że nie dacie sobie rady?

– Tak naprawdę to nie wiem tak konkretnie, po prostu tworzenie takiej rodziny to duże wyzwanie.

– Masz rację, budowanie rodziny, pielęgnowanie relacji, dbanie o bliskich to duże wyzwanie. Czy dzieje się coś konkretnego, co jest dla ciebie kłopotem?

– Nie, chodzi o to, że czasem jest mi trudno.

– Rozumiem, że czasem jest ci trudno. Czy mówisz o tym swojemu partnerowi?

– Nie. Chyba boję się, że pomyśli, że nie daję sobie rady. A nie chcę, żeby tak myślał.

– Dlaczego jest ci trudno szczerze powiedzieć najbliższej ci osobie o swoich obawach i emocjach?

– Jego poprzednia żona była od niego bardzo zależna, wymagała ciągłej opieki, wsparcia. Taki typ kobiety. Ja chcę mu pokazać, że jestem inna. Jak ona przysyła do nas dzieci, żeby odpocząć, to przecież nie mogę mu powiedzieć, że ja też jestem zmęczona. Nie chcę zachowywać się tak samo jak ona!

– Z tego, co mówisz, rozumiem, że nie chcesz powiedzieć swojemu partnerowi o tym, że jesteś zmęczona, bo nie chcesz zachowywać się tak samo jak jego była żona. O czym jeszcze nie chcesz mu mówić? Czy jest coś, co jest dla ciebie trudne, o czym nie rozmawiacie?

– Nie mówię mu o tym, że jest mi trudno, gdy on zaprasza całą swoją rodzinę, swoich rodziców, byłą żonę, byłych teściów, swoje dzieci, a ja muszę się wszystkim zająć i mieć zawsze dobry humor, żeby oni nie myśleli, że nie są mile widziani. To czasem jest bardzo męczące!

– Dlaczego nie rozmawiasz o tym ze swoim mężem? To ważny, ale też trudny temat, dlatego tym bardziej powinniście o tym porozmawiać. Twój mąż powinien wiedzieć, jak bardzo się starasz i że jest ci czasem trudno. Powinniście razem znaleźć takie rozwiązania, które ci pomogą i sprawią, że będzie ci łatwiej pielęgnować rodzinne relacje! Może warto, aby twój mąż bardziej włączył się w przygotowywanie takich spotkań? A może porozmawiacie o tym, żeby wcześniej je planować i żebyś mogła nie uczestniczyć w przygotowaniach lub takie spotkanie odwołać, gdy jesteś bardzo zajęta lub zmęczona?

– Tak, to chyba najwyższy czas, abyśmy o tym porozmawiali. Mój mąż tak naprawdę niczego ze mną nie ustalał. Po prostu uznał, że tak będzie, i już!

– Czy jest jeszcze coś, co jest dla ciebie trudne, co cię smuci lub złości?

– Tak szczerze?

– Szczerze ☺

– Strasznie mnie wkurza, gdy moja teściowa nadskakuje swojej byłej synowej. Tak naprawdę to ona jej nie lubi, ale jest sztucznie miła, bo się boi, że ona przestanie przyjeżdżać na takie rodzinne spotkania i zacznie jej utrudniać kontakt z wnukami.

– To trudna sytuacja. Czy denerwuje cię zachowanie teściowej?

– Tak!

– Czy twoja teściowa kocha swoje wnuki?

– Bardzo!

– Jak myślisz, co by czuła, gdyby nie mogła się z nimi widywać?

– Bardzo by cierpiała!

– Czyli jej zachowanie wobec byłej synowej wynika z lęku i z miłości do wnuków!

– Tak, rozumiem ją. Ja nie mogłam często widywać się z moją babcią, bo ona bardzo daleko mieszkała, i jako mała dziewczynka bardzo to przeżywałam!

– Czy myśląc w ten sposób o zachowaniu twojej teściowej, o tym, że bardzo kocha wnuki i po prostu za wszelką cenę stara się utrzymywać z nimi kontakt, jest ci łatwiej nie denerwować się na nią?

– Chyba tak.

– Spróbuj w sytuacjach, gdy jej zachowanie wobec byłej synowej zacznie cię drażnić, przypomnieć sobie swoją babcię i pomyśleć o tym, jak za sobą tęskniłyście i ile byście dały za to,

aby móc się częściej spotykać. Dla ukochanych osób jesteśmy w stanie wiele zrobić, prawda?

– Tak, nawet zaprzyjaźnić się z ich byłymi partnerami i pokochać ich dzieci z poprzednich związków.

– Święta prawda...

W tak zwanych patchworkowych rodzinach jest wiele potencjalnych problemów. Relacje z byłymi partnerami nie należą do najłatwiejszych. Opieka nad dziećmi partnera z poprzedniego związku też może wiązać się trudnymi emocjami. Dlatego trzeba ustalić zasady, które pomogą i pozwolą w przejrzysty sposób dbać o takie relacje, nie wykorzystując i nie krzywdząc nikogo.

Trudności, na jakie są narażone patchworkowe rodziny:

1. Konflikt lojalności – dotyczy najczęściej dzieci i dziadków, którzy próbują się odnaleźć w nowej rzeczywistości i utrzymują kontakt z byłymi i nowymi partnerami.

2. Zazdrość o nową osobę w życiu kogoś bliskiego.

3. Zazdrość dzieci o rodzica i jego relację z dziećmi z innego związku (konflikty pomiędzy przyrodnim rodzeństwem).

4. Zazdrość o byłych partnerów i relacje łączące ich z bliską nam osobą.

5. Różne normy i zwyczaje wprowadzane przez dawnych i nowych partnerów w rodzinne relacje.

Każdy dom, każda relacja mają swoje zasady i swój sposób funkcjonowania, dlatego w patchworkowych rodzinach dochodzi do konfrontacji „dawnego" z „nowym". Pamiętam wiele takich historii:

– „Ona / on próbuje wprowadzać w moim domu swoje zwyczaje, a to już nie jest jej mąż / jego żona!"

– „On / ona zachowuje się w stosunku do niej / niego, jakby w dalszym ciągu byli parą!"

albo:

– „Ja swoje dzieci inaczej wychowuję i nie zgadzam się na..."

– „Gdy byliśmy razem, to nie był dla niego / niej problem..."

To sztuka utrzymać dobre relacje, godząc to, co było, z tym, co jest teraz! Jeśli partnerzy mają wspólne dzieci, to warto takie wyzwanie podjąć i spróbować. Znam wiele rodzin, którym to się udało. Rodzin, w których oprócz wzajemnego szacunku jest też sympatia i akceptacja. Znam rodziny, w których była żona i nowa partnerka jeżdżą z dziećmi na wspólne wakacje i naprawdę dobrze się bawią! To jest możliwe, przyrzekam!

Co może pomóc:

1. Wzajemny szacunek.
   Warto uszanować przeszłość partnera. To, że kiedyś kogoś kochał, że zbudował z tą osobą wspólną przestrzeń, stworzył dom.
   Warto uszanować teraźniejszość kogoś, kto był nam bliski. Uszanować jego wybór i osobę, którą pokochał.
   Warto uszanować ich wspólny dom i zasady w nim panujące. Dom, w którym jesteśmy gościem, i to od nas w dużej mierze zależy, czy mile widzianym.

2. Ustalenie zasad dotyczących wspólnych spotkań w sposób, który uwzględni potrzeby i oczekiwania wszystkich członków rodziny.

3. Empatia – wzajemne zrozumienie potrzeb i uczuć innych.

Pomocne ćwiczenie:

Czy znasz tak zwane patchworkowe rodziny? Czy są one, twoim zdaniem, szczęśliwe, czy ich członkowie potrafią się porozumieć i dbać o wzajemne relacje? Co, twoim zdaniem, konkretnie im w tym pomaga (może cechy charakteru)? A może znasz takie, w których brak jest porozumienia i wzajemnej życzliwości? Co, twoim zdaniem, jest tego przyczyną?

To, co, moim zdaniem, pomaga w budowaniu i pielęgnowaniu relacji w patchworkowych rodzinach, które znam, to:	
To, co, moim zdaniem, utrudnia budowanie i pielęgnowanie relacji w patchworkowych rodzinach, które znam, to:	

Rozdział 4

Rodzinne rewolucje

Nie unikniemy rodzinnych rewolucji. To sytuacje, które konfrontują nas z koniecznością zmiany. Niektóre z nich wiążą się z pozytywnymi wydarzeniami. To na przykład przeprowadzka do nowego mieszkania, awans i zmiana pracy. Ale pozytywne przyczyny życiowych rewolucji, mimo że związane głównie z dobrymi emocjami, także powodują stres. Bo każda zmiana jest stresem. Boimy się tego, co nieznane, potrzebujemy czasu, aby dostosować się do nowej sytuacji. Dlatego tak ważna jest umiejętność radzenia sobie z napięciem psychofizycznym, czyli samoświadomość, równowaga psychiczna, umiejętność konstruktywnego rozładowywania stresu, jak również umiejętność radzenia sobie z napięciem w naszym związku, w relacji z partnerem, i w relacjach rodzinnych, co wiąże się między innymi z umiejętnością dobrej komunikacji i współdziałania, czyli dawania sobie wzajemnego wsparcia. Bo większość życiowych zmian wymaga skorzystania z tak zwanych rodzinnych zasobów. A każda zmiana wymaga podjęcia konstruktywnego działania. Konfrontuje nas ona z nowym i to od nas zależy, czy będzie to okazja, czy zagrożenie dla nas, naszego związku i naszej rodziny. A to zależy od pozytywnego przepracowania zmiany. Przede wszystkim ważne jest to wtedy, gdy życiowe rewolucje wynikają z problemu czy tragedii, powodują kryzys lub wiążą się z trudną zmianą i trudnymi emocjami. To, co jest wtedy w nich najtrudniejsze, to poczucie niemocy, bezradności, utraty kontroli, poczucie impasu. Trudne rodzinne rewolucje to kryzysy sytuacyjne, czyli te, które nagle konfrontują nas z problemem. Takie kryzysy to brak psychofizycznej równowagi. Sprawiają, że tracimy poczucie bezpieczeństwa i kontroli nad własnym życiem.

Kryzysy doświadczane przez jedną osobę mają wpływ na rodzinę, dlatego każdy z nich jest rewolucją oddziałującą na cały system rodzinny. Najważniejsze, aby widzieć w kryzysie okazję do pozytywnej zmiany, czyli między innymi do wzmocnienia tego, co w nas samych i w naszej rodzinie najwartościowsze – wzajemnego wsparcia i rodzinnych relacji. Takie podejście pozwala odnieść korzyść z kryzysu. Gdy traktujemy go jak wyzwanie, które mobilizuje nas do pozytywnego działania, jak możliwość nauczenia się czegoś ważnego, wartościowego, to kryzys staje się dla nas okazją. Wtedy też może pozwolić na zbliżenie się do bliskich i doświadczenie ich wsparcia. Gdy w ten sposób potrafimy wykorzystać kryzys, nie będzie on zagrożeniem, nie złamie nas, a stanie się właśnie naszą życiową szansą!

To bardzo trudna życiowa lekcja, wiem o tym, ale wiem też, że można ją wykorzystać, i znam wspaniałe osoby, którym się to udało! Bo z rodzinnym wsparciem można odważniej i pewniej stawić czoła życiowym rewolucjom. Gdy wydarza się coś, co wstrząsa naszą rodzinną codziennością, zaburza względny spokój, powoduje nieporozumienia, kłótnie, wprowadza niepokój, napięcie, lęk – słowem: wywraca nasze życie do góry nogami – wtedy zaburza funkcjonowanie całej rodziny. Dlatego kryzys to również zagrożenie, że zostaną uruchomione destrukcyjne sposoby radzenia sobie z problemem, że zostaną utrwalone negatywne schematy i rozpoczną się szkodliwe działania. Przykładem takiej negatywnej reakcji są problemy uzależnieniowe, które często wynikają z destrukcyjnego wpływu przerastających nas trudności. Może to być również problem przemocowy, często wynikający z nieumiejętności radzenia sobie z napięciem, lękiem czy frustracją. Przykładem negatywnej reakcji na kryzys i zagrożenia, które się z nim wiążą, jest także utrwalanie takich szkodliwych rodzinnych schematów, jak: „Ludziom nie wolno ufać", „W życiu liczy się tylko siła", „Miłość szczęśliwa nie istnieje", „Emocje to cierpienie i słabość". Dlatego tak ważne jest to, aby mimo trudności i cierpienia postarać się wspólnie, przy wzajemnym wsparciu, przepracować kryzys i wyciągnąć z niego wnioski, które staną się impulsem do pozytywnej zmiany. Takie pozytywne zmiany to między innymi docenianie bliskości ukochanych osób, to przekształcenie systemu wartości, w którym to, co najważniejsze, będzie się wiązać z miłością i bliskością, to uruchomienie w sobie potencjału pomagania i dawania wsparcia innym. Wiem, że jest to możliwe. Towarzyszyłam wielu rodzinom w trudnych momentach i wiem, że można, czasem na przekór losowi, na przekór trudnym emocjom, w kryzysie odnaleźć to, co najważniejsze, odnaleźć bliskiego człowieka i wartości, które uczynią nasze życie pełniejszym i bardziej wartościowym.

Najczęstsze rodzinne rewolucje, którym musimy stawić czoła my i nasi bliscy, są związane z trudnymi kryzysowymi sytuacjami, jak:

- strata;
- problemy finansowe;
- problemy zawodowe – na przykład utrata pracy;
- choroba;
- konflikt związany z rodziną któregoś z partnerów;
- uzależnienie;
- zdrada;
- konflikt lub problemy z dziećmi z poprzednich związków;
- problemy z eks, który / która cały czas jest obecny / obecna w życiu pary;
- problemy wychowawcze.

To tylko przykłady, ponieważ wiele par i rodzin doświadcza innych trudności i specyficznych wyzwań, dlatego wskazówki, jak poradzić sobie z życiowymi rewolucjami, nie zawsze pomogą rozwiązać każdy problem. Warto jednak je znać i wykorzystać, bo wszystko, co chociaż trochę nam pomoże wspólnie przetrwać trudne momenty, jest warte wypróbowania. Dlatego sposoby na rozwiązanie problemów, znajomość mechanizmów psychologicznych odpowiedzialnych za to, czy wykorzystamy kryzys jako okazję, czy pozwolimy na to, aby stał się zagrożeniem, mogą wam posłużyć za wytyczne i podpowiedzą, jak zmagać się z życiowymi rewolucjami.

4.1. Postarajcie się pozytywnie przepracowywać kryzysy!

Ponieważ nie unikniemy niespodziewanych problemów i wyzwań, czasem tylko na pozór groźnych, jednak bywa też, że naprawdę niebezpiecznych i niemiłych, warto zrobić wszystko, co w naszej mocy, aby poradzić sobie z nimi w sposób, który wniesie w nasze życie nową jakość. Tak się stanie, gdy pozytywnie przepracujemy kryzysy. Pomoże nam w tym wzajemne wsparcie i rodzinna współpraca, uruchomienie konstruktywnego działania i pozytywnej zmiany, znajomość psychologicznego mechanizmu reakcji na kryzysowe sytuacje oraz wyciagnięcie pozytywnych wniosków z doświadczeń, które nas mogą wzmocnić i wiele nauczyć.

Każdy kryzys można pozytywnie przepracować, nawet ten wynikający z traumy, z nieszczęścia. Pozytywne przepracowanie kryzysu to przystosowanie do nowej sytuacji. Sprawia ono, że nasze życie i my sami jesteśmy lepsi, bardziej wartościowi, dojrzalsi i mądrzejsi. Znam wielu ludzi, których zmienił kryzys i związane z nim problemy, i to na lepsze. Ta zmiana na lepsze to właśnie okazja wynikająca z kryzysu. Dowodem takiej pozytywnej zmiany są słowa: „Ta sytuacja wiele mnie nauczyła", „Dzięki temu, co się wydarzyło, wiem, co w moim życiu jest najważniejsze", „Dopiero teraz moje życie ma sens".

Czasem kryzys jest związany z bolesną stratą. Wtedy proces jego przepracowywania to przechodzenie przez żałobę, która pomaga poradzić sobie z cierpieniem, jakiego doświadczamy. Najważniejsze jest to, aby zrozumieć, że żałoba to naturalny i niezbędny proces radzenia sobie ze stratą. Wtedy przejdziemy kolejne etapy żałoby, niosące za sobą trudne, ale ważne emocje, i pogodzimy się z cierpieniem. Etapy żałoby to:

- wyparcie;
- złość;

- smutek;
- zwrot ku przyszłości.

Zarówno w czasie żałoby, jak i podczas każdego innego przepracowywania kryzysu warto skorzystać ze wsparcia najbliższych i wprowadzić pozytywną zmianę. Dlatego każdy kryzys, niezależnie od jego przyczyny, może zakończyć się „zwrotem ku przyszłości". Przyszłości dobrej, dającej szczęście, nadzieję, czasem pomimo cierpienia, którego doświadczyliśmy, a czasem właśnie dzięki niemu.

Pomocne ćwiczenie:

Przypomnij sobie sytuację, w której poradziłaś / poradziłeś sobie, problem czy stratę, której doświadczyłaś / doświadczyłeś, i mimo trudności udało ci się przetrwać kryzys i nie poddać się, nie załamać. Co ci w tym pomogło? Czy jakieś działania lub decyzje szczególnie ci pomogły i dlaczego?

Trudna sytuacja?	
Co pomogło mi przepracować kryzys?	
Działania i decyzje, które najbardziej mi pomogły i dlaczego:	Działania / decyzje: W jaki sposób mi pomogły działania / decyzje:

4.1.1. Wzajemne wsparcie w kryzysowych sytuacjach

Pozytywne przepracowanie kryzysów nie jest łatwe, ponieważ nagłe wydarzenia, które wytrącają nas z codziennej psychofizycznej równowagi, powodują życiowe rewolucje, często wystawiające naszą miłość do bliskich na ciężką próbę. Dlatego negatywne przepracowanie kryzysu to zagrożenie. Reakcja na kryzys może oddalić nas od bliskich. Tak się dzieje, gdy trudne emocje, takie jak złość, gniew, żal, zwrócimy przeciw sobie. Gdy zamiast walczyć razem, zaczynamy walczyć ze sobą. Zamiast walczyć z problemami, walczymy z bliskimi osobami. Zamiast wspierać się w konstruktywnym rozładowaniu trudnych emocji, rozładowujemy je na sobie nawzajem. Dlatego ważną zasadą pozytywnego przepracowywania kryzysów jest współdziałanie i wzajemne wsparcie.

Skorzystanie ze wzajemnego wsparcia wymaga zrozumienia tego, że kryzys to próba dla związku, wyzwanie dla relacji i całej rodziny. Jeśli chcemy sami zmierzyć się z wyzwaniem, tylko my ponosimy odpowiedzialność, tylko nas dotkną konsekwencje. Ale jeśli jesteśmy w związku, jeśli jest nas dwoje, jeśli jesteśmy związani z naszą rodziną, to każda nasza decyzja, każda trudna sytuacja to nasza wspólna rodzinna próba, wspólne działanie, nasza współodpowiedzialność i zaangażowanie. Dlatego w przezwyciężeniu kryzysu tak ważne jest wsparcie partnera i rodziny.

Wsparcie partnera daje siłę, energię do działania, wzmacnia relacje i buduje poczucie wzajemnej bliskości i zaufania. Bo łącząc swój los z losem drugiego człowieka, dzielimy z nim zarówno szarą codzienność, jak również momenty przełomowe, traumatyczne, trudne, ciekawe, ryzykowne i fascynujące. Jeśli ufamy sobie nawzajem, polegamy na swoim zdaniu, szanujemy siebie i potrafimy ze sobą rozmawiać, szukając jak najlepszego dla nas obojga rozwiązania, to przetrwamy każdą rewolucję i wyjdziemy z niej zwycięsko. Pod jednym wszakże warunkiem: aby przetrwać czas próby dla naszej miłości, musimy tego oboje chcieć i razem dążyć do wspólnego celu, którym jest postawa: „Poradzimy sobie, razem – dla siebie i aby być ze sobą, bo się kochamy i oboje tego chcemy". Takie podejście, wynikające ze wzajemnej miłości, to warunek konieczny, ale po latach pracy jako terapeutka, gdy słuchałam tylu poruszających historii, towarzyszyłam parom w dramatycznych momentach, byłam świadkiem wielu wzruszeń i trudnych decyzji, czasem sądzę, że to warunek wystarczający, by poradzić sobie z trudną sytuacją i pozostać razem. Moja świętej pamięci babcia mawiała: „Jak ludzie się kochają, to nic ich nie złamie" – pokolenie, które przeżyło wojnę, wiele wie o życiu i może nas uczyć tego, co jest w nim najważniejsze.

To samo dotyczy wsparcia ze strony rodziny. Motywuje nas ono do działania, daje wiarę i nadzieję, koi smutki i pomaga radzić sobie z trudnymi emocjami. Rodzina może być wtedy naszym azylem, naszą przystanią. Ponieważ jesteśmy jej częścią, ponieważ jesteśmy od niej zależni, tak jak zależni są od nas pozostali członkowie rodziny, wzajemne rodzinne wsparcie jest niezwykle ważne.

Skorzystanie ze wsparcia bliskich to okazja do sięgnięcia po zasoby własne i rodzinne oraz docenienia ich. Czyli docenienia siebie i swojej siły oraz potencjału i wartości rodzinnych relacji. To wykorzystanie rodzinnych i własnych zasobów do poradzenia sobie z trudnymi sytuacjami jest okazją do wprowadzenia w życie pozytywnej zmiany. Skorzystanie ze wsparcia to współdziałanie oparte na tych cechach, które są w nas i naszych bliskich najwartościowsze i w danej sytuacji najbardziej pomocne. Dlatego warto znać własny potencjał, własne mocne strony, jak również potencjał naszych bliskich. Wtedy możemy go wykorzystać, by wspólnie poradzić sobie z kryzysem.

Własne zasoby, czyli osobowościowe predyspozycje i nasze umiejętności, są związane z naszymi indywidualnymi zaletami. Znamy siebie i wiemy, w czym sprawdzamy się najlepiej, na czym się znamy, jak reagujemy na stres, czy naszym atutem jest szybkie i odważne działanie, czy rozwaga i ostrożność. Znamy bliskie nam osoby, ich potencjał i mocne strony. Dlatego w trudnych momentach, w obliczu problemów i nieszczęść czy po prostu wyzwań i niewiadomych, tak ważne jest współdziałanie oparte na taktyce: „Ja zajmę się tym, w czym sprawdzam się lepiej, co potrafię i co łatwiej będzie mi wziąć na siebie, wy zajmiecie się tym, na czym się znacie lepiej i czemu łatwiej sprostacie". Podział zadań jak w dobrym i sprawnym zespole. Zadaniowe podejście do sytuacji. Spokojna rozmowa o faktach, o koniecznych decyzjach, ewentualnym ryzyku i możliwych rozwiązaniach. Jesteśmy rodziną i potrafimy wspólnie działać! Potrafimy też korzystać ze wzajemnego wsparcia i z potencjału, który tkwi w rodzinnych relacjach. Ważne, aby pamiętać, że nasz rodzinny zespół jest wyjątkowy, bo łączy nas coś wyjątkowego. To nie tylko wspólne cele i wyzwania, nasze wspólne zaangażowanie w działanie, to również uczucia i miłość, którą chcemy chronić. Dlatego w kryzysowych sytuacjach szczególnie ważna jest rozmowa również o tym, co do siebie czujemy, dlaczego wspólnie podejmujemy wyzwanie, czego się obawiamy i co jest dla nas najtrudniejsze. Gdy mówimy: „Poradzimy sobie z tym, bo się kochamy", to wystarczy tylko wykorzystać tę pozytywną energię do konstruktywnego działania. Bo źródłem naszej siły często jest właśnie nasza rodzina. To co łączy jej członków. Nic tak nie cementuje rodzinnych relacji, jak wsparcie i współdziałanie w kryzysowych sytuacjach, i wtedy też uświadamiamy sobie, jaką moc mają rodzinne więzy i jak wiele możemy sobie nawzajem dać. Wtedy uruchomimy konstruktywne działanie i pozytywną zmianę.

Ściągawka:

Nie każdy umie poprosić o pomoc czy o bycie obok, więc warto samemu zaproponować wsparcie. Jeśli nie wiemy, jak pomóc, lub brakuje nam słów otuchy, można szczerze o tym powiedzieć: „Z całego serca pragnę ci pomóc, ale w tym momencie nie wiem jak, więc to, co mogę zrobić, to być przy tobie. Czy mogę ci po prostu towarzyszyć?" albo: „Chcę ci powiedzieć, że możesz na mnie liczyć. Co mogę dla ciebie zrobić?".

Pomocne ćwiczenie:

Przypomnij sobie sytuacje, w których pomogły ci, wsparły cię bliskie osoby. Jak się czułaś / czułeś, gdy mogłaś / mogłeś na nich liczyć?

Sytuacja, w której pomogły mi bliskie osoby:	
Moje emocje związane ze świadomością, że mogłam / mogłem na nich liczyć:	

4.1.2. Uruchomienie konstruktywnego działania i pozytywnej zmiany

To, co w życiowej rewolucji jest tak trudne, to jej nieprzewidywalność. I tak jak kryzysów rozwojowych czy egzystencjalnych możemy łatwiej się spodziewać, mamy szansę je przewidzieć i przygotować się na wyzwanie, które za sobą niosą, tak rewolucje, czyli kryzysy sytuacyjne, nas zaskakują i często dezorganizują czy wręcz paraliżują. Każda nowa sytuacja jest trudna, ponieważ konfrontuje nas z koniecznością przystosowania się, czyli zmiany, to znaczy podjęcia ważnych decyzji. Najważniejsze jest to, aby uruchomić pozytywne działanie i wprowadzić zmianę, która wniesie coś wartościowego w nasze życie i pomoże nam przystosować się do nowej sytuacji. Mimo że konsekwencje naszych prób radzenia sobie z kryzysem nie są łatwe do przewidzenia, to można starać się tak go przepracować, aby trudna sytuacja nas nie zniszczyła, a wręcz przeciwnie – aby nas wzmocniła. Dlatego najważniejsze jest to, aby uruchomić pozytywny proces konstruktywnej zmiany. Ta zmiana będzie dotyczyła zarówno nas samych, jak i całej naszej rodziny. Bo to, co nas spotyka, nasz sposób radzenia sobie z trudnościami i jego konsekwencje mają wpływ na całą naszą rodzinę. Bo system rodzinny i jego wzajemne zależności to układ związanych ze sobą elementów, w których zmiana dotycząca jednej osoby wpływa na życie pozostałych. Dlatego rewolucje, których w naszym życiu doświadczamy, wystawiające nasze uczucia na próbę, testujące nasze wzajemne zaufanie i zaangażowanie w relacje rodzinne, sprawdzające wytrzymałość całego systemu rodzinnego, to próba, która dzięki pozytywnej zmianie może go scementować, wzmocnić, a ryzyko związane z negatywnymi konsekwencjami osłabić.

Wprowadzenie pozytywnej zmiany to sięgnięcie po zasoby, czyli po wszystko, co może nam pomóc w trudnej sytuacji. To odpowiedź na pytania: „Co mi pomoże?", „Co i kto da mi wsparcie w trudnych momentach?", „Jakie działanie będzie najlepsze, co pomoże rozwiązać problem?". Dlatego aby przetrwać trudne momenty, musimy uruchomić nasz cały potencjał, energię i umiejętności zarówno własne, jak i te ukryte w naszej relacji i w naszej rodzinie. To pomoże nam uruchomić pozytywną zmianę. Uruchomienie pozytywnej zmiany to działanie konstruktywne i pomocne. To proces przystosowywania się do nowej sytuacji wynikającej ze zmiany, kiedy potrafimy wykorzystać i wzmocnić to, co w nas i naszych bliskich najwartościowsze. To proces, który wnosi w nasze życie nową jakość, nowe wartości, uczy nowych umiejętności, pomaga docenić to, co ma największe znaczenie. Pozytywna zmiana, możliwa dzięki podjęciu konstruktywnego działania, sprawia, że nasze życie jest lepsze, bardziej wartościowe, wzbogaca nas i mobilizuje do rozwoju.

W tym procesie pomóc może wspólne, wraz z bliskimi osobami, opracowanie strategii radzenia sobie z problemem. To może być nasz plan działania. Wytyczne, krok po kroku, co robić, jak postępować i co będzie dla nas oparciem, co nam pomoże. To tak zwana interwencja kryzysowa, czyli wskazówki dotyczące działań, które nam pomogą i uruchomią pozytywną zmianę.

1. Co możemy zrobić teraz, w tym momencie, aby pomóc sobie w trudnej sytuacji:

   – jakie działanie podjąć?

   – do kogo zwrócić się o pomoc, kogo poprosić o wsparcie?

2. Co możemy zrobić w najbliższej przyszłości, aby pomóc sobie w trudnej sytuacji:

   – jakie działanie podjąć?

   – do kogo zwrócić się o pomoc, kogo poprosić o wsparcie?

3. Czego nas ta sytuacja nauczyła, jakie możemy z niej wyciągnąć wnioski?

4. Jak możemy te wnioski wprowadzić w życie, co możemy zmienić, aby wykorzystać to doświadczenie?

Pozytywna zmiana, czyli konstruktywne działanie, wniesie w nasze życie nową, pozytywną jakość. Będą nią nowe sposoby, jak poradzić sobie z trudnymi sytuacjami, nowe umiejętności, mogą nią być nowe przyjaźnie, jak również pogłębienie już istniejących relacji. Ta zmiana może być doświadczeniem i wzmocnieniem naszej siły i potencjału naszych bliskich. Pozytywna zmiana, wykorzystanie kryzysu jako okazji to bezcenne, chociaż często bardzo trudne doświadczenie.

Pomocne ćwiczenie:

Przypomnij sobie trudną sytuację, w której udało ci się uruchomić konstruktywne działanie i wprowadzić pozytywną zmianę, stanowiącą okazję do skorzystania ze wsparcia bliskich osób, które pomogły ci w poradzeniu sobie z problemem. Jakie konstruktywne działania podjęłaś / podjąłeś i jaką pozytywną zmianę udało ci się dzięki temu wprowadzić? Jak pomogli ci w tym twoi bliscy?

Trudna sytuacja:	
Moje konstruktywne działania:	
Pozytywna zmiana:	
Jak pomogli, wsparli mnie bliscy?	

4.1.3. Kryzys to okazja, ale i zagrożenie

Kryzys to okazja między innymi do uruchomienia rodzinnego, wzajemnego wsparcia, do wprowadzenia pozytywnej zmiany. To również ryzyko podjęcia destrukcyjnych, zagrażających, negatywnych działań i ich konsekwencje.

Aby uniknąć negatywnych sposobów radzenia sobie z kryzysem i uruchomić te konstruktywne, czyli te, które pomogą nam wykorzystać kryzys jako okazję do pozytywnej zmiany, przede wszystkim musimy spokojnie porozmawiać o tym z bliskimi nam osobami, gdy coś ważnego i trudnego dzieje się w naszym życiu. To już samo w sobie będzie wykorzystaniem kryzysu do zbliżenia się do siebie i przećwiczenia dobrej komunikacji.

Gdy w naszym życiu zdarzają się niespodziewane rzeczy i przez pewien czas nie wiemy, co robić, mamy tendencję do zamykania się w sobie. Gdy o czymś trudnym się dowiadujemy, coś odkrywamy, jakaś trudna prawda dociera do naszej świadomości, zastygamy w chwilowym poczuciu bezradności i zaskoczenia, nie wiedząc, jak o tym powiedzieć bliskim. Wiele osób próbuje nie rozmawiać o trudnych tematach, uważając, że w ten sposób chronią pozostałych członków rodziny. Czasem liczą na to, że problem jakoś się rozwiąże, chcą ten czas przeczekać, dosłownie lub w przenośni ukrywając się przed całym światem, a szczególnie przed najbliższymi osobami. Taka postawa często wynika z lęku przed zranieniem bliskich, z troski o ich poczucie bezpieczeństwa. Czasem jest związana z przekonaniem: „Sam / sama ze wszystkim dam sobie radę!". To podstawowy błąd. To jedno z zagrożeń, które niesie za sobą kryzys. Bliskie nam osoby i tak czują, że coś nas martwi, a brak wiedzy sprawia, że zaczynają szukać własnych wyjaśnień naszego złego nastroju, psychicznej nieobecności, wycofania i oddalenia się. Tak możemy wygenerować sztuczny problem, niepotrzebny konflikt, który uniemożliwi wspólne skupienie się na rzeczywistej przyczynie kryzysu. Pamiętam jedną z moich Pacjentek, która była przekonana, że mąż ją zdradza:

– *Coraz później wraca do domu, jest nieobecny. Albo dosłownie go nie ma, albo myślami jest gdzie indziej. Wieczorem wraca do domu, w milczeniu jemy kolację i on idzie do swojego gabinetu. Nie żartujemy, nie śmiejemy się jak dawniej, odsunął się ode mnie. Ma kogoś! Wiem to!*

– *Czy powiedziałaś mu, że widzisz, że czymś się martwi, że zastanawiasz się, co się dzieje, i też się niepokoisz, dlatego chciałabyś z nim o tym porozmawiać?*

– *Dlaczego uważasz, że mój mąż jest smutny? On po prostu kogoś ma i ja już go nie interesuję!*

– *To bardzo dobre pytanie! To ważne, że zwróciłaś uwagę na moją interpretację tej sytuacji. Z twojego opisu wywnioskowałam, że twojego męża coś niepokoi i jego zachowanie jest wynikiem jakichś problemów, z którymi się boryka. Ale to tylko moja interpretacja, subiektywna ocena. Mogę się mylić. Dlatego najważniejsza jest szczera rozmowa o tym, co się dzieje, z czego wynika jego zachowanie. Ty też interpretujesz to, co się dzieje. Widzisz zmianę w jego zachowaniu, martwisz się tym i szukasz wyjaśnienia. Twoja obawa, dotycząca przyczyn tego, co się z nim i między wami dzieje, dotyczy zdrady. To twój lęk. Ale nie wiesz tego, co się tak naprawdę stało, widzisz tylko skutek, który jest reakcją twojego męża na jakąś sytuację. Masz prawo się tym niepokoić. Jego zachowanie jest dla ciebie trudne. Powiedz mu o tym. Nie oskarżaj pochopnie, nie mów tego, czego nie wiesz na pewno, nie obwiniaj, nie oceniaj. Powiedz, co widzisz i co w związku z tym czujesz. Wytłumacz, dlaczego szczera rozmowa o tym, co się dzieje, jest ważna!*

Okazało się, że mąż mojej Pacjentki stracił źle zainwestowane pieniądze, groziło mu bankructwo. Wstydził się niewłaściwych decyzji, miał poczucie winy, bał się reakcji żony. Nie wiedział, jak jej o tym powiedzieć. To częsty schemat w sytuacji, gdy pojawiają się problemy finansowe, zawodowe, choroba czy inne zmartwienie, o którym unikamy rozmowy. W tym przypadku, gdy żona dowiedziała się, że nie chodzi o domniemaną zdradę, ulżyło jej: „To tylko pieniądze" – powiedziała.

Niemówienie o tym, co czujemy i co się dzieje, to zamiatanie pod dywan trudnych tematów. A one nie znikają! Po jakimś czasie problem narasta i wybucha ze zdwojoną siłą!

To taka odroczona rewolucja, która wyniknęła z ewolucji zwiększających się trudności. Wtedy z reguły dochodzi do nagłej eskalacji konfliktu i napięcia, których można było uniknąć, gdyby uczciwa rozmowa o tym, co się dzieje i co nas martwi, była szybką reakcją na zaistniałą sytuację! Każdy zna z własnego życia wiele przykładów takiego odsuwania od siebie zmartwień i ukrywania przed partnerem i rodziną kłopotu. Przypomnij sobie przykład zamiecionego pod dywan problemu, który narastał, a gdy dłużej nie dało się udawać, że nic się nie dzieje, przyczynił się do poważnego konfliktu pomiędzy tobą a kimś bliskim lub jeszcze bardziej utrudnił sytuację czy spowodował kolejne kłopoty. Warto było?

Dlatego okazja, jaka wynika z kryzysu, to między innymi szczera rozmowa z bliskimi, to zaangażowanie ich we wspólne rozwiązanie trudnej sytuacji, to skorzystanie z ich wsparcia. I choć nie zawsze bliskie nam osoby mogą rozwiązać nasz problem i nie na wszystkie kryzysy jest recepta, to trudna sytuacja jest przede wszystkim okazją do doświadczenia bliskości i miłości. Przykładem takich sytuacji jest strata – gdy nieuchronnie i nieodwracalnie tracimy kogoś lub coś dla nas cennego. Takie przełomowe i traumatyczne momenty są okazją, by docenić bliskość ukochanych osób, docenić wartość tych relacji. Bo w każdej trudnej sytuacji wsparcie bliskich to również ich towarzystwo, ich obecność i postawa: „Jestem z tobą, jestem przy tobie i zrobię wszystko, co mogę, aby cię wesprzeć" lub: „Powiedz mi, co czujesz, a ja cię wysłucham". Doświadczenie tego jest właśnie naszą wynikającą z traumy okazją, żeby doświadczyć wpierającej bliskości.

Mówienie o emocjach, o tym, co czujemy, może bardzo pomóc w poradzeniu sobie z trudnymi przeżyciami, zbliża do tych, których wsparcie jest nam tak potrzebne. Kryzys to okazja do doświadczenia tego, że prawo do emocji i umiejętność dzielenia się tym, co czujemy, z najbliższymi osobami, koi smutki i pomaga poradzić sobie nawet z najboleśniejszą stratą.

Jednym z największych zagrożeń wynikających z kryzysu jest oddalenie się od bliskich osób, doświadczenie samotności i utrata zaufania do najbliższych. Bo dla wielu par i wielu rodzin problemy są przyczyną kłótni, czasem wręcz awantur, bywają powodem rozstań. Wiele rodzin ucierpiało z powodu kryzysów. Tak się dzieje, gdy rozdrażnieni sytuacją, przestraszeni konsekwencjami, jesteśmy podenerwowani, potrzebujemy zmniejszyć napięcie i, niestety, robimy to w najprostszy sposób, czyli wyładowujemy się na bliskich. To kolejny często przez nas popełniany błąd w trudnych i stresujących momentach. Zamiast spokojnie rozmawiać i wspólnie szukać rozwiązań, krzyczymy na siebie, obwiniamy się za zaistniałą sytuację, ranimy i sprawiamy sobie przykrość. Taka reakcja tylko utrudnia całą sytuację. Zamiast wspierać się i wspólnie działać, stajemy się swoimi wrogami, zaczynamy walczyć ze sobą. I to może być początek końca naszych relacji. Nie problemy, te finansowe, zawodowe czy inne, będą przyczyną rozstania, tylko nasze nieradzenie sobie z sytuacją i reakcja na nią. Nie sam kryzys, ale to, jak z nim się zmagamy, może zachwiać rodzinnym systemem. Dlatego kryzys to okazja do znalezienia i przećwiczenia skutecznych i bezpiecznych sposobów rozładowywania napięcia i radzenia sobie ze stresem. Takie sposoby to rozmowa z bliskimi, dzielenie się tym, co czujemy, zaangażowanie się w konstruktywne działanie.

Kryzys to okazja do zrozumienia tego, że agresja, przemoc, zachowania podyktowane negatywnymi emocjami tylko pogłębiają problem, utrudniają znalezienie rozwiązania i uniemożliwiają skorzystanie ze wsparcia najbliższych. To bardzo bolesna lekcja i, niestety, w kryzysie czasem długo zachowujemy się agresywnie, zanim zrozumiemy, jakie są konsekwencje takiego postępowania. Zachowanie agresywne to nasza obrona. Oskarżamy bliskich o zaistniałą sytuację, obarczamy ich winą, a najczęstszy sposób wyrażania agresji to krzyk. Ale reguła: „Nie krzycz na drugą osobę" jest ważna nie tylko dlatego, że krzyk jest zachowaniem przemocowym. Ma znaczenie także dlatego, że gdy krzyczymy, druga osoba nie analizuje tego, co jej próbujemy przekazać, a my nie mamy szansy przebić się ze swoimi argumentami, nawet jeśli są one racjonalne. Na krzyk reagujemy postawą obronną, czyli uciekamy, w przenośni albo dosłownie, lub atakujemy. To dwie formy obrony, bo krzyk to atak. Uciekamy, gdy wychodzimy, odkładamy słuchawkę telefonu, czyli kończymy rozmowę, uciekamy, gdy przestajemy aktywnie słuchać, czyli analizować to, co ktoś do nas mówi, i nie próbujemy zrozumieć, co ma nam do przekazania. Atakujemy, gdy sami zaczynamy krzyczeć lub reagujemy w inny przemocowy sposób. A ponieważ przemoc rodzi przemoc i ma tendencję do eskalacji, reakcją na krzyk może być inne przemocowe zachowanie, czyli popchnięcie, uderzenie, szarpnięcie. I tak możemy zrobić coś, czego będziemy się wstydzili i żałowali, coś, co jest już nie do cofnięcia i niezależnie od przyczyny takiej sytuacji samo w sobie jest traumą i powoduje kryzys. Tak powstają tak zwane wtórne kryzysy, czyli negatywne konsekwencje trudnych sytuacji, które same stają się kolejnymi trudnymi sytuacjami i wymagają przepracowania. W ten sposób uniemożliwiamy współdziałanie i udzielenie sobie wzajemnego wsparcia. W ten sposób tracimy okazję do wykorzystania kryzysu, a zwiększamy zagrożenia z nim związane.

Jeśli z jakiegoś powodu nie możemy doświadczyć wsparcia bliskich nam osób, to pomóc nam może miłość do siebie i zrozumienie, że zawsze możemy dać sobie sami wsparcie i opiekę w trudnej sytuacji. Jeśli kochamy i szanujemy siebie, jeśli znamy swój potencjał, swoją wartość i dajemy sobie prawo do szczęścia, to przetrwamy każdy kryzys, nawet jeśli nie dostaniemy wsparcia bliskich nam osób. Wtedy kryzys będzie okazją do doświadczenia swojej siły i woli życia szczęśliwego, nawet wbrew przeciwnościom losu! Gdy sami przepracujemy kryzys, wtedy podejmiemy decyzję, czy wybaczymy bliskim to, że nie dali nam wsparcia, to, że nas opuścili w trudnej sytuacji, i zastanowimy się, czy dać im szansę na odbudowanie relacji. To bardzo trudne decyzje. Czasem kryzys to okazja do odejścia od osób, które nas ranią, które zawodzą w trudnych sytuacjach, to okazja do ochrony siebie przed tymi, którzy nie zasługują na nasze zaufanie. Wtedy kryzys jest okazją, by przejrzeć na oczy i skończyć te relacje, które już dawno powinny były się zakończyć.

Kryzys uczy walczenia o siebie i swoje szczęście, uczy tego, na kim możemy polegać, komu możemy ufać, uczy tego, co jest w naszym życiu największą wartością i które relacje są najcenniejsze! To ważne życiowe lekcje i mimo że bywają bardzo bolesne, są wartościowe, bo czynią nas dojrzałymi i mądrymi!

Pomocne ćwiczenie:

Przypomnij sobie kilka trudnych sytuacji, które wiązały się z potencjalnym ryzykiem, ale również z okazją. Jakie to były problemy czy wyzwania? Z jaką szansą się wiązały? Z jakim ryzykiem? Czy udało ci się wykorzystać okazję i wprowadzić konstruktywną zmianę? Jak ta zmiana wpłynęła na relacje z bliskimi osobami?

Trudna sytuacja:	
Ryzyko związane z tą sytuacją:	
Okazja związana z tą sytuacją:	
Jak udało mi się wykorzystać okazję i wprowadzić konstruktywną zmianę?	
Jak ta zmiana wpłynęła na relacje z bliskimi osobami?	

4.2. Uruchomcie pozytywne błędne koło sytuacji kryzysowych

Aby wykorzystać kryzys jako okazję, aby go pozytywnie przepracować i skorzystać z jego potencjału, należy uruchomić pozytywne błędne koło radzenia sobie z trudną sytuacją.

Gdy w sytuacjach kryzysowych wpadamy w tak zwane błędne koło, to od nas zależy, czy będzie ono uruchamiało nasz i naszych najbliższych potencjał, czy stanie się zagrożeniem dla nas i naszych relacji. Bo błędne koło kryzysu może być pozytywne i negatywne. Dlatego warto zrozumieć, na czym polega psychologiczny mechanizm radzenia sobie lub nieradzenia sobie z kryzysowymi sytuacjami, aby uruchomić pozytywne błędne koło, czyli przepracować kryzys i wykorzystać go jako okazję do pozytywnej zmiany. To jest właśnie konstruktywne radzenie sobie z problemem i nasz pozytywny „zwrot ku przyszłości"!

Większość sytuacji, problemów i ich konsekwencji możemy zrozumieć, posługując się schematem błędnego koła. Błędne koło to mechanizm reakcji na wydarzenia, który wynika z naszego sposobu myślenia i sposobów reakcji na to, co się dzieje. To nasz sposób oceny sytuacji, nasze myśli i interpretacja tego, co się dzieje, nasze zachowanie w danej sytuacji wpływają na emocje i mają określone konsekwencje – pozytywne lub negatywne. A emocje utwierdzają nas w naszym sposobie myślenia i decyzjach, które z kolei te emocje intensyfikują. To błędne koło:

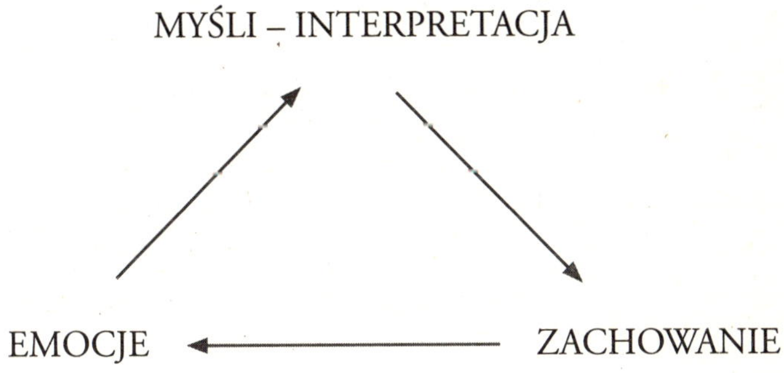

Nasze zachowanie będzie zawsze miało wpływ na najbliższe osoby i nasz związek. Każdą życiową rewolucję możemy przeanalizować i poszukać najlepszych sposobów poradzenia sobie z nią, posługując się schematem błędnego koła:

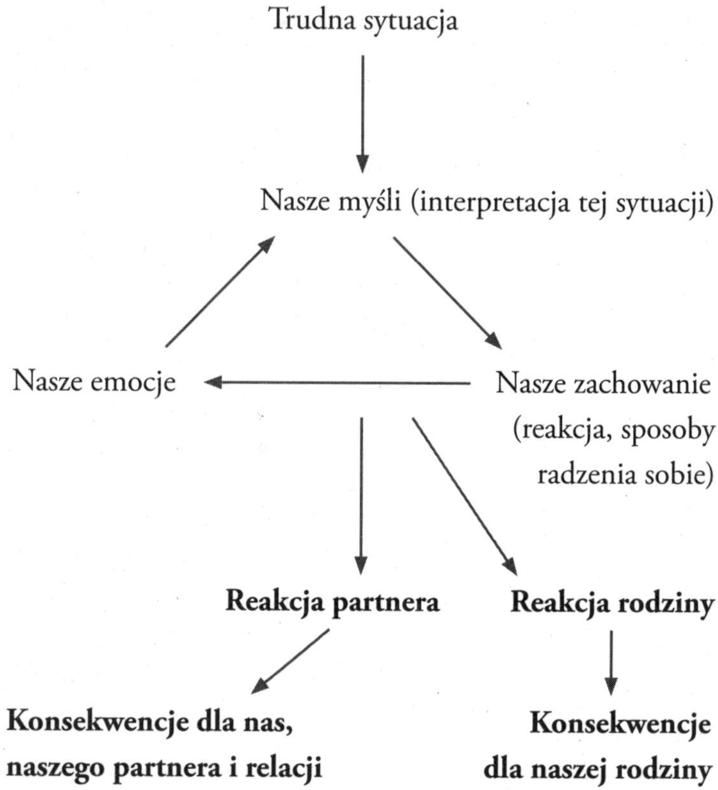

Nasz sposób myślenia, czyli postawa i podejście do sytuacji, oraz zachowanie, czyli sposoby radzenia sobie, mogą uruchomić pozytywne lub negatywne błędne koło. Mogą wywoływać trudne, ale pozytywne emocje lub emocje destrukcyjne i skierowane przeciwko związkowi i partnerowi, a często przeciwko sobie samemu / sobie samej czy rodzinie!

Jak uniknąć negatywnego błędnego koła i uruchomić pozytywny schemat radzenia sobie z trudną sytuacją?

Aby lepiej zrozumieć dynamikę takiego mechanizmu, można przedstawić jego schemat na prostej grafice:

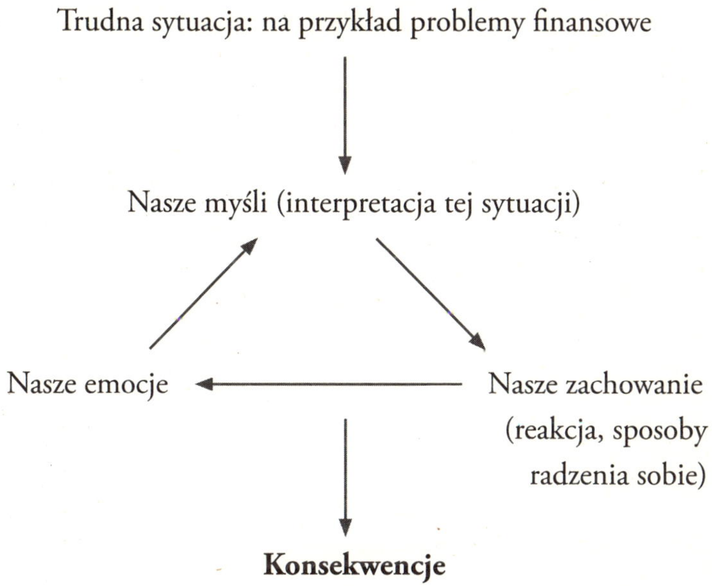

Przykład:

Nasza interpretacja w sytuacji problemów finansowych może być następująca:
– „To katastrofa";
– „Nie poradzę sobie / nie poradzimy sobie";
– „To jego / jej wina";
– „To moja wina".

Jakie emocje, jakie zachowanie i ich konsekwencje będą związane z takimi sposobami myślenia?

Trudna sytuacja: problemy finansowe

↓

Nasze myśli (interpretacja tej sytuacji):
„To katastrofa", „Nie poradzę sobie"

↗ ↘

Nasze emocje: lęk, smutek, apatia ← Nasze zachowanie (reakcja): wycofanie, unikanie rozmowy i partnera, wycofanie z aktywności i życia rodzinnego, brak podejmowania konstruktywnych działań i prób poradzenia sobie z problemem

↓

Konsekwencje:

- **oddalenie się od siebie partnerów**
- **obawy i fantazjowanie drugiej osoby na temat tego, co jeszcze / co takiego złego się dzieje**
- **brak podejmowania konstruktywnych sposobów radzenia sobie z problemem, z czego może wynikać jego pogłębianie się**

– tak myśląc i tak reagując, nie tylko nie poradzimy sobie z problemem, ale oddalimy się od ukochanej osoby, sprawimy, że poczuje się odrzucona i zlekceważona. Będzie się martwiła i zastanawiała, co się dzieje, znajdując własne, często nieuzasadnione powody takiej sytuacji i takiego zachowania. Nie damy szansy na wspólne poszukanie rozwiązania trudnej sytuacji.

Trudna sytuacja: problemy finansowe

↓

Nasze myśli (interpretacja tej sytuacji):
„To jej / jego wina"

Nasze emocje:
złość, rozdrażnienie,
gniew

Nasze zachowanie
(reakcja): krzyk,
złośliwość, wycofanie się
z życia rodzinnego, brak
prób poradzenia sobie
z problemem

↓

Konsekwencje:

- **oddalenie się od siebie partnerów**
- **eskalacja napięcia, obaw i wzajemnej złości pomiędzy partnerami**
- **eskalacja agresji**
- **brak podejmowania konstruktywnych sposobów radzenia sobie z problemem**

– tak myśląc i tak reagując, również nie poradzimy sobie z problemem. Nie tylko oddalimy się od ukochanej osoby, ale zintensyfikujemy negatywne emocje, sprawimy, że zamiast razem działać, zwrócimy się przeciwko sobie. Będziemy walczyli ze sobą, raniąc się i upokarzając. A powinniśmy wspólnie zjednoczyć siły w obliczu trudnej sytuacji!

Trudna sytuacja: problemy finansowe

↓

Nasze myśli (interpretacja tej sytuacji):
„To moja wina"

Nasze emocje:
przygnębienie, lęk,
smutek

Nasze zachowanie
(reakcja):
zamknięcie się w sobie,
unikanie partnera,
wycofanie się z życia
rodzinnego, brak
prób poradzenia sobie
z problemem

↓

Konsekwencje:

- **oddalenie się od siebie partnerów**
- **eskalacja lęku**
- **zaniedbanie związku i partnera**
- **zaniżenie samooceny**
- **brak podejmowania konstruktywnych sposobów radzenia sobie z problemem**

– tak myśląc i tak reagując, popadamy w coraz większe przygnębienie, przestajemy koncentrować się na możliwości rozwiązania problemu, ranimy siebie i partnera. A problem będzie coraz trudniejszy do zwalczenia. Eskalując negatywne emocje, będzie nam coraz trudniej znaleźć ratunek w tej sytuacji.

A można inaczej! Jeśli interpretacja jest realistyczna, adekwatna do sytuacji, ukierunkowana na rozwiązanie problemu i wspólne działanie, a nasze zachowanie konstruktywne, to nasze emocje nie zwrócą się przeciw partnerowi i rodzinie.

Przykład:

Nasza interpretacja w sytuacji problemów finansowych może być następująca:

– „Damy sobie radę!";

– „Najważniejsze, że mamy siebie!";

– „Możemy liczyć na wsparcie rodziny".

Jakie emocje, jakie zachowanie i ich konsekwencje będą związane z takimi sposobami myślenia?

Trudna sytuacja: na przykład problemy finansowe

Nasze myśli (interpretacja tej sytuacji):
„Damy sobie radę!”,
„Najważniejsze, że mamy siebie!”

Nasze emocje:
chęć do podjęcia
działania, energia,
nadzieja, wiara

Nasze zachowanie
(reakcja, sposoby
radzenia sobie):
wspólne szukanie
jak najlepszego
rozwiązania problemu,
bycie razem,
konstruktywne rozmowy

Konsekwencje:

- **zbliżenie się do siebie partnerów**
- **mobilizacja do działania**
- **danie sobie wzajemnego wsparcia**
- **poczucie bycia dla siebie nawzajem kimś ważnym, wartościowym**

– tak myśląc i tak reagując, poradzimy sobie z problemem. Nie oddalimy się od ukochanej osoby, damy jej i sobie dowód tego, co tak naprawdę jest dla nas w życiu najważniejsze! Udowodnimy, że nasza miłość, wystawiona na próbę, przetrwa i da nam siłę, by stawić czoła trudnościom! Przekonamy się, jak ważne jest wsparcie rodziny. Może być to konkretna pomoc, może być to po prostu bycie z nami i towarzyszenie nam w trudnej sytuacji. W takiej atmosferze dzięki wsparciu najbliższych osób łatwiej będzie nam podjąć konstruktywne działanie i znaleźć sposób na rozwiązanie problemu.

Zmagamy się z różnymi problemami, doświadczamy różnych kryzysów i trudności. Warto zrobić wszystko, aby nie ucierpiał przez nie nasz związek i relacje rodzinne. Jeśli się kochamy i chcemy być razem, na pewno wspólnie znajdziemy rozwiązanie!

Ściągawka:

Aby uruchomić pozytywne błędne koło radzenia sobie z problemem, należy:

1. **Realistycznie, adekwatnie do sytuacji, racjonalnie, motywując się do pomocnego i skutecznego działania, zinterpretować problem, czyli ocenić to, co się dzieje. Skoncentrować się na pozytywnym myśleniu, szukaniu rozwiązania.**
2. **Spokojnie, wspólnie rozmawiać o tym, co się złego dzieje z partnerem, z rodziną.**
3. **Podjąć wspólne, pomocne, konstruktywne, adekwatne do sytuacji działania.**
4. **Skorzystać ze wsparcia rodziny.**

Pomocne ćwiczenie:

Spróbuj na przykładzie z własnego doświadczenia rozrysować swoje błędne koło. Wybierz trudną dla siebie sytuację, zapisz swoje myśli, swoją interpretację tej sytuacji, opisz emocje i zachowanie związane z tą sytuacją, swoją reakcję na tę sytuację i konsekwencje swojej reakcji dla ciebie, dla twojego partnera i dla twojej rodziny.

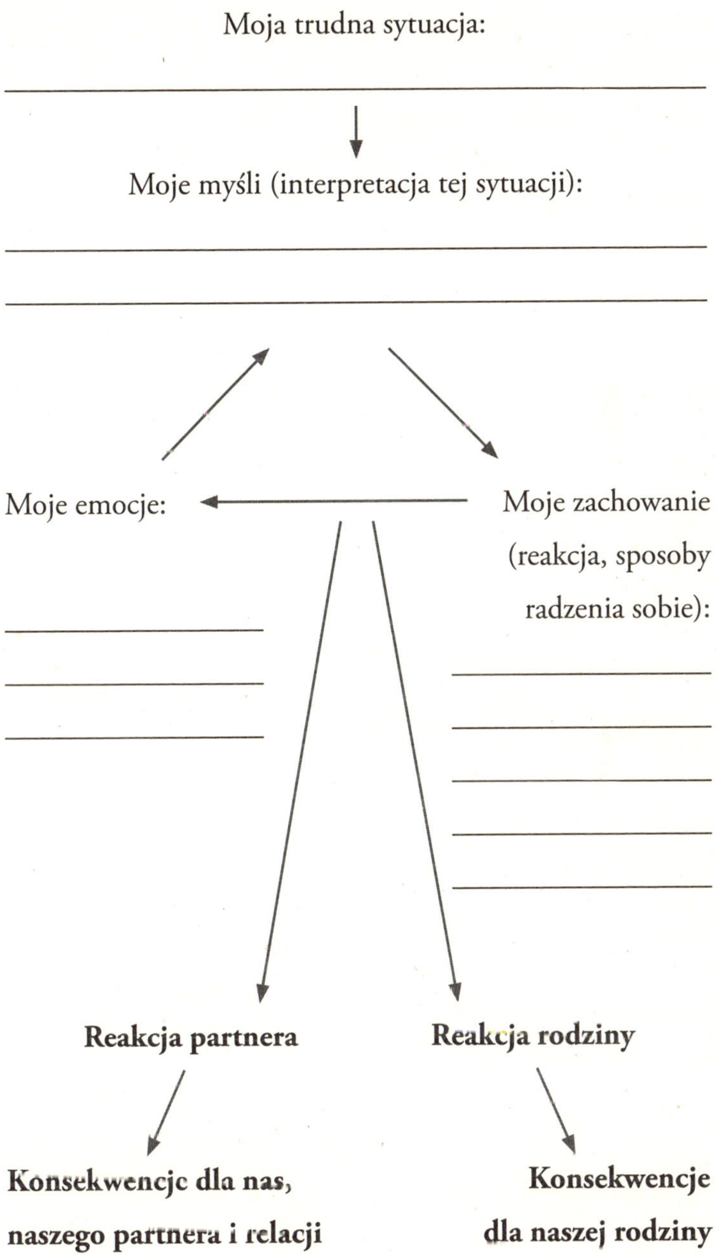
Moja trudna sytuacja:
Moje myśli (interpretacja tej sytuacji):
Moje emocje:
Moje zachowanie (reakcja, sposoby radzenia sobie):
Reakcja partnera
Reakcja rodziny
Konsekwencje dla nas, naszego partnera i relacji
Konsekwencje dla naszej rodziny

Odpowiedz na pytanie:

Czy rozrysowane i opisane przez ciebie błędne koło jest pozytywnym czy negatywnym błędnym kołem reakcji na trudną sytuację? Czy sposób twojej reakcji na trudną sytuację to najlepszy, najbardziej pomocny i konstruktywny ze sposobów, z których mogłaś / mogłeś skorzystać?

4.3. Dajcie sobie prawo do trudnych emocji

Niezależnie od tego, czego dotyczy trudna sytuacja, mamy prawo przeżywać ją na swój indywidualny sposób. Mamy prawo do wszystkich trudnych emocji, które odczuwamy. Najważniejsze jest to, jak sobie z nimi radzimy i czy potrafimy je rozładować w sposób bezpieczny, nieagresywny. Nieradzenie sobie z emocjami w kryzysowych sytuacjach polega najczęściej na ich tłumieniu, wypieraniu lub na autoagresywnym czy agresywnym sposobie ich wyładowania. Dla naszych bliskich każda z tych reakcji jest bardzo trudna i powoduje niezrozumienie czy tak zwany wtórny kryzys, czyli kolejną traumatyczną sytuację, która jest konsekwencją pierwotnego kryzysu. Przykładem takiej zagmatwanej emocjonalnie historii jest sytuacja Ewy. Przyszła ona do mnie z powodu poważnego kryzysu rodzinnego, którego początkiem było bardzo trudne dla niej i dla jej bliskich wydarzenie.

– Rok temu wraz z mężem straciliśmy swoje nienarodzone dziecko. W trzecim miesiącu ciąży poroniłam. To była dla nas bardzo trudna sytuacja. Do tej pory nie możemy sobie poradzić i jest nam coraz ciężej, ponieważ nasze rodziny, i moja, i męża, zamiast wsparcia, są dla nas źródłem dodatkowego stresu. Sytuacja jest tak napięta, że w tym roku, po raz pierwszy od lat, święta spędziliśmy sami, nawet z życzeniami nie

zadzwoniliśmy. Wolimy nie mieć z nimi kontaktu, chyba tak jest dla wszystkich najlepiej... (to mówiąc, Ewa się rozpłakała).

– Z tego, co mówisz, rozumiem, że jesteście w bardzo trudnej sytuacji. Doświadczyliście bolesnej straty, a wasza rodzinna sytuacja to kolejna trauma. Ponieważ płaczesz, myślę, że takie rozwiązanie, o którym powiedziałaś, czyli brak kontaktu z waszą rodziną, jest dla ciebie i twojego męża bardzo trudne. Myślę, że obojgu wam brakuje bliskich osób. Po stracie waszego nienarodzonego dziecka doświadczacie kolejnej straty, bo brak rodzinnego wsparcia i bliskości rodziny to również bolesna strata.

– Faktycznie czuję się tak, jakbym przeżywała dwie trudne sytuacje naraz. I dlatego tak ciężko jest nam sobie poradzić i odnaleźć się w tym wszystkim.

– Czy możesz opowiedzieć mi dokładnie, co się wydarzyło, co was zraniło, jak zachowali się wasi bliscy i jaka ich postawa sprawiła, że teraz nie macie z nimi kontaktu?

– Gdy byłam w szpitalu i gdy dowiedzieliśmy się, że poroniłam, moja mama powiedziała, żebym się nie martwiła, że na pewno będziemy mieli jeszcze dzieci. Myślałam, że oszaleję. Tak się cieszyliśmy, że w końcu udało się mi zajść w ciążę, a moja mama mówi coś o „innych dzieciach"! Byłam na nią wściekła i wykrzyczałam jej, co o tym myślę. Potem ona próbowała ze mną rozmawiać, ale ja nie miałam na to siły. Do

mojego męża zadzwonił mój ojciec i tłumaczył, o co mamie chodziło, że próbowała nas pocieszyć, ale byłam tak wściekła, że nie mogłam się uspokoić. Moi rodzice poskarżyli się teściom, a ci, zamiast nas wspierać, przede wszystkim namawiali do pogodzenia się z moim rodzicami. Cała się aż gotuję, jak o tym mówię!

– Rozumiem, że to, co powiedziała twoja mama, mimo że była to próba pocieszenia was, zamiast pomóc, zraniło cię. Czasem nasi bliscy, pomimo dobrych chęci, nie wiedzą, jak się zachować, jak nas wesprzeć, robią czy mówią coś, co wcale nam nie pomaga, a wręcz odwrotnie, drażni nas lub złości. I wtedy ich zachowanie to tylko pretekst do rozładowania całego napięcia związanego z trudną sytuacją. Zastanów się, co tak naprawdę spowodowało twoją złość. Jak teraz myślisz o tym, co czujesz, to co najbardziej cię złości? Czy twoi rodzice i twoi teściowie są jedyną przyczyną twojej złości?

– Ich zachowanie mnie rozzłościło, po prostu wybuchłam i do tej pory jest mi trudno się uspokoić, ale chyba przede wszystkim złości mnie to, że spotkało nas takie nieszczęście, że to nam się przydarzyło! To niesprawiedliwe! To straszne! A na mamie chyba się wyładowałam.

– Czy powiedziałaś komukolwiek o tym, co czujesz, co przeżywasz? Czy wspólnie z twoim mężem smucicie się i złościcie? Czy rozmawiacie o tym, co czujecie?

– Nie. Nie chcę go martwić. Wiem, że on też bardzo przeżywa to, co nas spotkało. Nie chcę go dodatkowo smucić i obarczać swoimi emocjami. Chyba wolę o tym nie rozmawiać. Boję się, że jak zacznę mówić o tym, co czuję, to nie przestanę płakać. Wolę zablokować te emocje, niż nie móc ich opanować!

– Oboje przeżywacie to, co się wydarzyło, i to ważne, abyście się potrafili w tej trudnej sytuacji wspierać, to znaczy być przy sobie, rozmawiać o tym, co czujecie. To naturalne, że na tak bolesną stratę reagujesz złością. Dlatego powinnaś się wyzłościć. Jeśli blokujemy uczucia, to one w nas się kumulują i wybuchają ze zdwojoną siłą! Jeśli nie rozładujemy napięcia, to prędzej czy później wybuchamy, a po takim emocjonalnym wybuchu trudno jest nam się uspokoić i wyciszyć. Dlatego każdą trudną emocję, która towarzyszy nam w żałobie po stracie, trzeba rozładować po to, żeby nie dochodziło do wybuchów, które i nas, i naszych bliskich ranią. Ale rozładować w sposób świadomy, kontrolowany i dzięki temu całkowicie spokojnie. Trzeba „wysmucić" smutek, „wyzłościć" złość. Złość to reakcja na niesprawiedliwość, która nas spotyka, to nasza niezgoda na to, co się stało. Jest zupełnie naturalna. Mów o tym, co czujesz, mów o swojej złości, to jest sposób na jej „wyzłoszczenie". Jeśli będziesz dawała sobie prawo do tego, co czujesz, jeśli będziesz nazywała swoje emocje i odważnie o nich mówiła, jeśli będziecie rozmawiać o tym, co przeżywacie, to łatwiej ci będzie rozładować całe napięcie i emocje związane z tym, co czujesz. To jest sposób na opanowanie emocji. Daj sobie szansę na ich rozładowanie, korzystaj ze wsparcia męża, troszcz się o siebie i traktuj

siebie w tych szczególnych chwilach z miłością i troską. Taka postawa pomoże ci nie wybuchać i wesprze cię w stopniowym rozładowywaniu wszystkich trudnych emocji.

Rozumienie tego, co przeżywamy, to sposób na przepracowanie kryzysu. Jeśli wiemy, że złość jest naturalną reakcją na stratę, ale w złości nie szukamy winnego, nie szukamy kogoś, na kim możemy wyładować napięcie, to unikniemy tego, że ofiarą naszych emocji będzie bliska osoba. Dlatego rozumienie siebie, opiekowanie się sobą w kryzysie, danie sobie prawa do przeżywania uczuć to sposób na to, aby uniknąć niepotrzebnych konfliktów. Jeśli kochamy siebie, jeśli rozumiemy swoje potrzeby i mamy kontakt ze swoimi uczuciami, to damy sobie do nich prawo w trudnych momentach i będziemy potrafili je pozytywnie wykorzystać. To pomoże nam nie wybuchać i nie rozładowywać napięcia na bliskich. To również pomoże nam znosić cierpliwie te zachowania, które, delikatnie mówiąc, mogą być przyczyną problemów. Bo ostatnią rzeczą, jaka jest nam potrzebna w trudnych momentach, są rodzinne nieporozumienia. Dlatego czasem warto wybaczyć bliskim to, że nas nie wsparli, tak jak tego potrzebowaliśmy, że powiedzieli coś niezręcznego, nietaktownego. Najczęściej wynika to ze stresu, który przeżywają, z ich nieumiejętności radzenia sobie z trudnymi sytuacjami. Jeśli potrzebujemy ich pomocy, to po prostu poinformujmy ich o tym i podpowiedzmy, co dokładnie mogą dla nas zrobić. Nie czekajmy, aż się domyślą. Jeśli robią lub mówią coś, co nas rani, powiedzmy o tym. Większość osób chce być pomocna w trudnych dla ich bliskich momentach, ale nie wie jak. Dla wielu jest to również trudna sytuacja, ponieważ kryzys, którego doświadcza jedna osoba, dotyka całej rodziny. Wzajemne zależności, uczucia, które do siebie żywimy, sprawiają, że sytuacja kryzysowa to wyzwanie dla całego systemu rodzinnego. Nasi bliscy są, czy tego chcemy, czy nie, włączeni w to, co przeżywamy. I chcą czuć się pomocni, chociaż nie zawsze wiedzą jak. Warto dać im na to szansę. To będzie ważne dla całej rodziny, również, a może przede wszystkim, dla nas!

Ściągawka:

W psychologii najczęściej używamy terminu „trudne emocje" zamiast „złe emocje", ponieważ mamy prawo do swoich odczuć i są one naturalną reakcją na trudne sytuacje. Dlatego, dając sobie prawo do przeżywanych uczuć, mówimy o „uczuciach trudnych", ale naturalnych i mających swoje uzasadnienie w problemach, które nas spotykają.

Najczęściej przeżywane trudne emocje to:

- **smutek;**
- **lęk;**
- **złość;**
- **żal;**
- **gniew;**
- **nienawiść;**
- **zazdrość.**

Możemy natomiast mówić o „dobrym", to znaczy bezpiecznym, konstruktywnym, nikogo nieraniącym i pomocnym sposobie radzenia sobie z trudnymi uczuciami, czyli sposobie ich przeżywania i rozładowywania napięcia z nimi związanego. Możemy też mówić o „złym" sposobie radzenia sobie z nimi, czyli takim, który jest agresywny lub autoagresywny, demotywujący, pogrążający w problemach i trudnościach, negatywnie wpływający na nasze relacje z bliskimi osobami. Dlatego dla naszych relacji z innymi osobami tak ważny jest sposób, w jaki komunikujemy się i zachowujemy pod wpływem emocji. To od niego zależy to, jak te relacje będą się układały!

Pomocne ćwiczenie:

Przypomnij sobie sytuacje dotyczące rodzinnych relacji, które wywołały w tobie trudne emocje (na przykład: smutek, złość, żal). Przypomnij sobie skuteczne, konstruktywne i bezpieczne sposoby radzenia sobie z trudnymi emocjami. Co robisz, jak reagujesz, aby rozładować napięcie i pomóc sobie w takich momentach? Jak twój sposób radzenia sobie z trudnymi emocjami wpływa na relacje rodzinne? W czym jest pomocny?

Trudna sytuacja:	
Trudne emocje:	

Mój „dobry" sposób radzenia sobie z trudnymi emocjami:	
Wpływ mojego „dobrego" sposobu radzenia sobie z trudnymi emocjami na relacje rodzinne:	

4.4. Poznajcie przyczyny problemu

Chociaż życiowe rewolucje wybuchają nagle, to przyczyną wielu z nich często są mechanizmy, sytuacje, które narastały latami. A zatem zrozumienie, dlaczego mamy taki problem, skąd on się wziął i jak te wnioski możemy wykorzystać na przyszłość, to warunek konieczny przetrwania rewolucji i konstruktywnej zmiany. Zrozumienie genezy kryzysu pomoże uruchomić konstruktywne sposoby rozwiązania problemu. Dlatego wspólnie z bliskimi osobami starajmy się zrozumieć przyczyny kryzysu!

Aby pozytywnie przejść przez kryzys, skoncentrować się na działaniu, znaleźć wszelkie sposoby rozwiązania problemu i podjąć decyzje, które mogą być pomocne, mogą dać nam ukojenie w trudnych chwilach, trzeba odpowiedzieć sobie na pytania: „Co spowodowało tę sytuację?", „Jaki problem wywołał kryzys?", bo konstruktywna zmiana to taka, która dotyczy przyczyn, a nie skutków.

W kryzysach dotyczących rodziny i rodzinnych relacji przyczyny często leżą w niezałatwionych sprawach, które długo narastały, aż doprowadziły do kryzysowej sytuacji. Dlatego tak ważne jest wzajemne wsparcie w ich rozwiązaniu, bycie razem w obliczu kłopotów i trudności oraz rozmowa o tym, co się wydarzyło i dlaczego? Bo bycie razem w obliczu kryzysu, wspólne podejmowanie decyzji i zmaganie się z trudnościami nie tylko daje poczucie bliskości, buduje wzajemne zaufanie i pogłębia relację, ale daje również szansę na załatwienie sprawy, która, przez lata zamiatana pod dywan, wywołała kryzys. Jeśli zamkniemy się w sobie, zaczniemy izolować się od najbliższych, pozostając sami z problemami i kłopotami, nie tylko będziemy mieli mniejszą szansę na poradzenie sobie z trudnościami, nie tylko stworzymy dystans między nami a najbliższymi i sprawimy, że trudno będzie ponownie zbliżyć się do siebie i odbudować relację, ale przede wszystkim nie uleczymy tego, co w przyszłości może doprowadzić do podobnej sytuacji.

Pomocne ćwiczenie:

Przypomnij sobie trudne momenty, przeciwności losu, którym stawiałaś / stawiałeś czoła? Co, twoim zdaniem, było przyczyną tych sytuacji? Co mogło przyczynić się do pojawienia się problemu? Co zrobiłaś / zrobiłeś lub co mogłaś / mogłeś zrobić, aby rozwiązać sytuację, która spowodowała trudności (jak usunęłaś / usunąłeś przyczynę)? Jak ta sytuacja i jej przyczyny wpłynęły na twoje rodzinne relacje?

Trudna sytuacja:	
Przyczyny problemu:	
Co pomogło usunąć przyczyny problemu?	
Wpływ na relacje rodzinne:	

4.5. Wyciągnijcie pozytywne wnioski

To, co czyni nas dojrzałymi, odpowiedzialnymi, mądrymi, to wnioski, które wyciągamy z naszych doświadczeń. Szczególnie tych trudnych. To, co może zmienić, uzdrowić nas i nasz system rodzinny, to przepracowanie trudnych doświadczeń i wyciagnięcie z nich takich wniosków, które będą pomocne, konstruktywne, wspierające, rokujące na przyszłość. Takich, które mogą wzbogacić życie nasze i naszych bliskich. To jest właśnie „zwrot ku przyszłości".

To pozytywne wnioski pomagają naprawić trudne relacje, zmienić negatywne rodzinne schematy i destrukcyjne zachowania. Każdy kryzys jest okazją do wyciągnięcia pozytywnych wniosków i to jest nasza szansa na lepszą przyszłość, dzięki trudnościom i smutkom, których doświadczyliśmy, a czasami pomimo nich. Bo kryzys to nie tylko okazja do wzajemnej bliskości, do doświadczenia wartości i potencjału bycia pomiędzy bliskimi osobami – to szansa na stanie się mądrzejszym, dojrzalszym, na przepracowanie tego, co było w naszym życiu powodem zmartwień. Czasem kryzys jest konieczny, aby zmienić to, co wymagało zmiany, zrozumieć coś, czego uświadomić sobie nie chcieliśmy, aby przejrzeć na oczy i podjąć trudne, ale konieczne decyzje. To dzięki kryzysom zmieniamy swoje życie, kończymy toksyczne relacje, odchodzimy od osób, które nas krzywdzą! Dzięki wnioskom doceniamy to, co jest w nas samych najwartościowsze.

Ucząc się z trudnych doświadczeń, czyli wyciągając wnioski, nie tylko uświadamiamy sobie to, jak ważne i jak pomocne są bliskie osoby i jaką wartością są dla nas relacje z najbliższymi, ale dajemy sobie szansę na przepracowanie tego, co już dawno tego wymagało.

Moi Pacjenci, którym towarzyszyłam w radzeniu sobie ze stratą, których wspierałam w procesie żałoby, często mówili:

– „Dopiero teraz wiem, co w życiu jest najważniejsze!"

– „Już nie przejmuję się błahostkami, głupotami. Skupiam się na tym, co jest naprawdę ważne!"

Pacjenci, którzy stawiali czoła trudnym wyzwaniom, problemom, którzy nie poddali się i wyciągnęli wnioski, nie tylko pomagające im rozwiązać problem, ale sprawiające, że zmienili coś, co często dawno już zmiany wymagało, powtarzali:

– „Nie ma tego złego, co by na dobre nie wyszło!"

A moje ulubione refleksje to:

– „Teraz potrafię cieszyć się każdą chwilą!"

– „Teraz moje życie ma sens!"

Wszyscy, których znam, którzy przepracowali kryzys, stali się silniejsi, mądrzejsi i pewniejsi siebie. Bo to, „co nas nie zabija, czyni nas silniejszymi". Wszystkie rodziny, które potrafiły się wspierać w trudnych momentach, stały się mocniejsze. Te rodziny doświadczyły, jaką wartość ma bycie wśród bliskich i możliwość skorzystania z ich wsparcia.

Pomocne ćwiczenie:

Przypomnij sobie ważne, pouczające i motywujące wnioski oraz refleksje, które udało ci się wyciągnąć z trudnych sytuacji. Czego się nauczyłaś / nauczyłeś dzięki przeciwnościom losu, którym stawiałaś / stawiałeś czoła? Co się w twoim życiu zmieniło? W czym ci te trudne doświadczenia pomogły? Jak te wnioski wpłynęły na twoje rodzinne relacje?

Trudna sytuacja:	
Ważne wnioski:	
Wpływ na relacje rodzinne:	

Zakończenie

Rodziny się nie wybiera, dostajemy ją „w spadku". W generacyjnej przychodzimy na świat, a rodzinę partnera dostajemy z całym dobrodziejstwem inwentarza. Warto zrobić wszystko, dołożyć wszelkich starań, aby ułożyć relacje rodzinne jak najlepiej, ponieważ od nas samych naprawdę dużo zależy! Pomocne jest wykazanie się odrobiną dyplomacji, sprytu, empatii i dobrej woli!

Człowiek jest istotą społeczną, jak podkreślają socjologowie i psychologowie, czyli stadną. Oznacza to, iż najlepiej czujemy się pośród innych ludzi, w grupie, w gromadzie. Najbliższa nam społeczność, do której przynależność daje poczucie bezpieczeństwa, to właśnie rodzina. Generacyjna, ta, z której pochodzimy, i tak zwana reprodukcyjna, czyli ta, którą zakładamy, to nasze stado, przestrzeń najważniejszych relacji społecznych. Gdy dwoje ludzi zaczyna tworzyć związek, wiążą się nie tylko ze sobą, ale także ze swoimi rodzinami. Tworzą wspólny system rodzinny, który jest źródłem wielu pozytywnych emocji, miłych doświadczeń, ale także trudnych sytuacji i problemów. Gdy nasze rodziny się łączą, każde z nas wnosi w posagu swoją rodzinę generacyjną, z jej słabościami, radościami, smutkami, konfliktami, problemami i zwyczajami. Od tego momentu tworzymy układ „my i nasza rodzina". Wspólna przestrzeń partnerów powiększa się o relacje rodzinne i wszystkie emocje z nimi związane. Taki schemat możemy śmiało określić – „Nas troje". Ten trzeci element, czy tego chcemy, czy nie, wpływa na naszą wzajemną partnerską relację i jest źródłem wielu emocji, zarówno dobrych, jak i trudnych.

Czasem mamy serdecznie dość naszych bliskich i ważne, aby szczerze i odważnie się przed samym sobą do tego przyznać. Uświadomienie sobie problemu, tego, co nam przeszkadza, co nas rani czy irytuje, to pierwszy krok do metamorfozy. Możemy nad sobą pracować i zmieniać w sobie to, co sprawia, że relacje rodzinne nie układają się tak, jakbyśmy tego chcieli, możemy pracować nad relacją z bliską osobą, włączając ją w pozytywny proces dbania o rodzinne więzi. Warto podjąć takie wyzwanie i wysiłek. Warto pracować nad sobą i nad relacjami z bliskimi osobami, aby nie powielać negatywnych wzorców, które są źródłem cierpienia całej rodziny. Warto stawiać granice, wzmacniać asertywną postawę, dbać o dobrą komunikację, probować zrozumieć rodzinną historię. Warto dla siebie i dla swoich bliskich. Im więcej wiemy o bliskich osobach, o rodzinnej historii, o własnym dzieciństwie, tym łatwiej nam odnaleźć się w gąszczu rodzinnych relacji i poradzić sobie z często trudnymi rodzinnymi nastrojami i własnymi emocjami! Dlatego poznanie rodzinnej historii i tego, co z niej wynika, tego, co wpływa na losy kolejnych pokoleń, i tego, co bezpośrednio nas ukształtowało, będzie źródłem siły naszej i naszego rodzinnego systemu. Najważniejsze jest to, że to od nas zależy, czy wykorzystamy pozytywny potencjał rodzinnych relacji – czy poddamy się temu, co negatywne, czy wykorzystamy to, co pozytywne! Bo rodzinne nastroje to szczęście, radość, miłość, spełnienie, ale też troska, stres, niepokój, złość – i to od nas zależy, które emocje przeważą w naszych wzajemnych relacjach. Kochamy naszych bliskich, chociaż to czasem bardzo trudna miłość! Ale jeśli wierzymy w miłość szczęśliwą, to warto zrobić wszystko, aby na niej oprzeć rodzinne relacje. Większość z nas doświadcza w nich miłości trudnej. A miłość trudną można przepracować i zmienić, wtedy będzie miłością szczęśliwą. Jeśli wierzymy w miłość szczęśliwą, to warto podjąć to wyzwanie! Praca nad szczęściem rodzinnym to proces, który wymaga naszego zaangażowania, wiary w powodzenie i dużej cierpliwości. Zaczynając od pracy nad sobą, dajemy podstawy do tego, aby pracować nad naszymi relacjami rodzinnymi. Moje zawodowe doświadczenie, wiele lat terapii z rodzinami, z parami, pozwala mi kategorycznie stwierdzić: nie ma rodzin skazanych na nieszczęście, rodzin, które mają pecha, które prześladuje zły los, ale są ludzie, którzy nie podjęli próby pracy nad sobą i zmiany. Czasem ta próba uzdrawia rodzinę, czasem tylko (a może aż) nas samych. Bo do wyleczenia rodziny ze złych emocji, z problemów i trudności potrzeba zaangażowania wszystkich jej członków. Na tym polega terapia rodzinna. To praca całego systemu. Jeśli jedno jego ogniwo jest chore, jest dysfunkcyjne, wtedy choruje cały system. Nie zawsze mamy wpływ na naszych bliskich, nie zawsze możemy ich włączyć do wspólnej pracy nad poprawą relacji. To nie znaczy, że sami tej pracy mamy nie podejmować. Wręcz odwrotnie, wtedy pracujemy dla siebie i dla tych, których los i szczęście od nas zależą, dla naszych partnerów i dla naszych dzieci. Chociaż bywa i tak, że również te tak bliskie nam osoby nie podejmują wyzwania i nie dbają o rodzinne relacje. Nasi partnerzy też nas ranią, odchodzą, zawodzą. Nasze dzieci mogą nie radzić sobie z trudnymi emocjami i oddalać się od nas. Mimo to warto nad sobą pracować. Na przekór trudnym rodzinnym nastrojom, dla naszych relacji z bliskimi. Ale przede wszystkim dla nas samych. Bo zasługujemy na to, aby kochać siebie i wtedy dajemy sobie szansę na to, aby pokochać innych. Zasługujemy na to, aby dać sobie szczęście, i wtedy damy je innym. A szczęście to między innymi miłość najbliższych. To nasze rodzinne relacje. Doceniamy je szczególnie, chociaż czasem dopiero wtedy, w trudnych, kryzysowych momentach. Wówczas szczególnie potrzebujemy ciepła najbliższych, nawet jeśli nie mogą konkretnie pomóc i rozwiązać naszych problemów, to mogą być z nami, być przy nas i po prostu nam towarzyszyć. Bo obecność najbliższych w trudnych chwilach wpływa kojąco i uspokaja trudne emocje. Rodzinne nastroje to wtedy nasz azyl, źródło naszej siły. Aby tak było, należy się wspierać i umieć wykorzystać potencjał rodzinnych relacji. Taka rodzinna miłość nie zawsze jest łatwa, ale jest świadoma i dojrzała. Bo jest wypracowana i wynika z naszej rodzinnej samoświadomości. Warto w to uwierzyć!

Drodzy Czytelnicy, właśnie takiego szczęścia Wam życzę! Szczęścia świadomego, wypracowanego, wynikającego ze samoświadomości i wiary w siebie. Szczęścia, którym możecie dzielić się z innymi. A Waszym bliskim życzę, aby z tej okazji skorzystali.

Maria Rotkiel

Pamiętajcie:

Życie rodzinne ma słodko-gorzki smak,

ale to od nas zależy,

jakie będą proporcje

słodyczy i goryczy!